近代建築は何を創ったか

生活の場の芸術としての建築

樋口　清

中央公論美術出版

目次

Ⅲ　身のまわりの芸術……125

まえがき

この本ではまず、二十世紀の近代建築が創った優れた建築いくつかを二景か四景の写真で示し、それぞれの建築と建築家についての手短な説明を添えた。建築のさまざまな美しさを見て頂き、建築の意味をいろいろ考えて頂きたいからである。

十九世紀末、ウィーンの建築家オットー・ヴァクナーが美術学校での最初の講義で「広場や室内で目に見えるものすべてを芸に高めることができ、それをするのが少数の建築家が負う使命である」と説き、同じころシカゴで独立して仕事を始めたフランク・ロイド・ライトは、建築界の大御所に「パリとローマで古典建築を学ぶ」ように勧められ、「アメリカの風土と社会に根ざす建築を作ります」と答えている。そして一九三〇年ストックホルム博覧会は、機能主義を入れたと言われるが、工芸協会の標語「日用品をより美しく」の意味を日常生活の場にまで広げたかのように、住居と社会生活の場の都市を主題としていた。

このように、近代建築を成立させた状況はさまざまであり、それぞれ興味深い。

続いて載せた「幾何学的抽象と有機的思考」と「北欧の感性」と題した試論は、それら優れた建築がどのような建築観で創られたか、代表的な三人の建築家によって解明したもので、抽象的な理念によるル・コルビュジエと具象的な概念によるライトの建築論を対照的に論じ、自然と人間から発想するアルヴァル・アールトの経験的な建築観を述べた。

「身のまわりの芸術」、その他の文は、建築を作り、考えることを生涯の仕事とした者が折りにふれて書いたものの一部で、多少は意味があると思われ、載せることにした。

I　二十世紀の近代建築は何を創ったか

建築絵本

——近代建築は何を創ったか

ここから五十ページほどは、乗物などの絵本のように、写真を見て楽しんで頂く建物の絵本です。建物と設計者の説明をつけました。二十世紀の市民社会の創った建築のさまざまな美しさを御覧になって下さい。

お見せする建築は、住宅、学校、病院、図書館、美術館、音楽堂、教会堂など、市民の生活の場の芸術としての建築です。ヴァクナーの郵便貯金局は百年前の設計のまま今も使われ、またオーギュスト・ペレのシャンゼリゼ劇場は内装を復元して親しまれています。

わが国では、戦災で町が焼かれ、建物が壊されましたが、戦後の経済の成長が、それ以上に、美しい街並や優れた建築を打ち壊しています。東京都の美術館や東京と大阪の中央郵便局が無くなったのは建築家が無力なためでしょうか。

ヴァクナーが教本『近代建築』に「一国の芸術は、その国の豊かさだけでなく知力をも測る尺度である」と書いています。建築家でない方がたの建築への関心の高まりが望まれる次第です。

オットー・ヴァクナー：シュタインホフの礼拝堂

オットー・ヴァクナー：シュタインホフの礼拝堂

オーギュスト・ペレ：ランシーの教会堂

オーギュスト・ペレ：ランシーの教会堂

ワルター・グロピウス：デッサウのバウハウス

ワルター・グロピウス：デッサウのバウハウス

ミース・ファン・デル・ローエ：レークショア・ドライヴ集合住宅　©みねぎし・やすお

ミース・ファン・デル・ローエ：レークショア・ドライヴ集合住宅　©みねぎし・やすお

ル・コルビュジエ：サヴォア邸

ル・コルビュジエ：サヴォア邸

ル・コルビュジエ：マルセーユの住居区単位《ユニテ・ダビタション》

ル・コルビュジエ：マルセーユの住居区単位《ユニテ・ダビタション》

ル・コルビュジエ：ロンシャンの礼拝堂

ル・コルビュジエ：ロンシャンの礼拝堂

ル・コルビュジエ：ラ・トゥーレット修道院

ル・コルビュジエ：ラ・トゥーレット修道院

シュタインホフの礼拝堂（一九〇五―一九〇七年）

古代ローマに始まる石積みの丸屋根は二十世紀には鉄骨の構造を石で覆う偽物とされて、オットー・ヴァクナーはそれを好まず、この礼拝堂では外壁に石を張るが屋根は銅板葺きとし、内部は腰に大理石を張るが壁と天井は白い内装板を張って継目に金色の押縁を当て、建物の軽量化を図った。堂内は簡素で装飾はないが、祭壇もステンドグラスも照明器具も繊細に作られ、白地に細い金線格子の美しい大曲面天井の下にバロック調の明るい礼拝空間となった。

シェンブルン宮の庭の高みから、遠く斜面の森に美しく聳えるこの丸屋根が望まれる。最初は金色であったという。

オットー・ヴァクナー（一八四一―一九一八）

産業革命による商工業の発展は十九世紀中欧の幾つかの都市に人口を集中して新しい市民層を形成し、新しい建築を必要とさせた。それまで古典様式やゴチック様式を学んで宮殿や教会堂を建てていた建築家の何人かは市民の建築を手がけるに及んで建築観の変更を迫られた。ウィーンのオットー・ヴァクナーは教本『近代建築』を一八九五年に出版し、「われわれの時代の建築は、目的を正確につかみ、手に入れやすく永持ちする材料を選び、単純で経済的な構造として、自ずから形造られるものである」と論じ、工業材料、特に鉄を使えば建築創造の可能性が増大すると説いた。これは、当時の合理的思考と市民的経済感覚によって装飾を排し、建築の本質を求めて仕事をしてきた経験から得た結論であり、建築革新への期待がこめられている。集合住宅や病院、駅舎は今も健在である。

郵便貯金局

郵便貯金局の営業室（一九〇五年）は鉄筋コンクリートの建物の中庭に鉄骨でガラス屋根を架けただけの空間であるが、鉄の柱や部材が細身で仕事がよく、ガラスの曲面が繊細な形で、全体の比例がよいので、上からの拡散光に美しい。木造の受付窓口も木製の小椅子も、当時のデザインのままで使っている。温風暖房のアルミの円筒もそのままである。

シャンゼリゼ劇場

シャンゼリゼ劇場

ランシーの教会堂（一九二二―一九二三年）

この教会堂の正面は、柱が垂直に高く伸びてゴチック様式を思わせるが、象徴性より、高い構造の美しさを求めたものであろう。

堂内もゴチックの教会堂の造りにならっているが、打放しコンクリートの細い柱を高く立ててシェル構造の屋根を支え、外壁の柱と柱の間は青色ガラスをはめたコンクリート・ブロックを積んで、単純で軽快な構造の中に青い光を満たした美しい空間としている。

オーギュスト・ペレ（一八七四―一九五四）

ペレは言う、建築は雨風を凌ぐための構造であり、確《しっか》り造ることが必要であるが、それだけでは十分でない。例えば言葉をそのまま使えば散文であるが、音声やリズムを整えて吟誦すれば歌や詩になるように、建築も、各部の比例を整え、全体を調和よく構成すれば構造が歌い出すであろう。それが十分条件であり、パルテノンはその典型である、と。

シャンゼリゼ劇場（一九一一年）の正面の設計は、初めアール・ヌーヴォーの建築家のヴァン・ド・ヴェルドや彫刻家のアントワーヌ・ブールデルに任されたが、結局は、ペレの柱梁の構成にブールデルの浮彫り壁として、比例の美しい傑作となった。

フォアイエは、柱梁だけの構成であるが、各部の寸法の比例のよい美しい空間となり、アール・ヌーヴォー調の階段の手すりが優雅である。国営交響楽団の演奏場である。

ピアニストのアルフレッド・コルトーは、ここで弾いて響きが気に入り、演奏室の設計を頼むと、ペレはヴァイオリンのようによく響くものを約束したが、できたものはまさにストラディヴァリウスであった、と書いている。

デッサウのバウハウス（一九二四年）

バウハウスは、元は「アーツ・アンド・クラフツ（手工芸）」の学校であったが、後を託されたワルター・グロピウスが工業デザインの学校とした。グロピウスが学んだペーター・ベーレンスは画家で電気機具会社の顧問となり、無駄のない形で美しい電灯機具をデザインし、工場を設計した。グロピウスが建てたデッサウの校舎は、教室、事務室、工作場、講堂、研究室と機能別に棟を分け、それぞれ機能に従って形造り、配置して、左右対称形にしなかった点が注目され評価された。

グロピウスは一九二八年にバウハウスを去り、後にアメリカに亡命、ハーバート大学に迎えられた。バウハウスで美しい鉄の椅子をデザインしたマルセル・ブロイヤーを協同者として美しい住宅を建てている。

ミース・ファン・デル・ローエ（一八八六—一九六九　一九三〇—一九三三、バウハウスの校長）

ガラスは近代建築の要因の一つで、ミースはガラスを外壁に使って、内の空間を自由にすることを早くから試みた一人で、一九一九年、事務所ビルの応募案で、敷地が三角形なのでガラスの三角塔とし、スケッチにドイツ表現派風な烈しい形で描いている。一九二九年のバルセロナ世界博ドイツ館では、八本の鋼柱で支える屋根版の下にガラスで囲う四角い抽象空間として、内に展示のための金茶色のめのう大理石の壁を立て、背後二面を緑色大理石の壁で囲い、優雅さを得た。

バウハウスが閉鎖、ミースもアメリカに亡命。一九五〇年、ファンスウァース邸では、屋根梁と床梁とそれらを支える柱を白く塗って構造を際立たせ、床から天井まで一ぱいのガラス面を素地の絹織りのカーテンで和らげ、高雅な姿を水と林の緑に映えさせている。

翌年のレークショア・ドライヴ集合住宅では、構造を明確に表すため柱と各階の床梁の耐火被覆を黒色とし、開口部一ぱいのガラス面を細い桟《さん》で分割し、窓のカーテンの灰色で鋼材の黒い線を引立て、そのリズミカルな立面構成によって美しい塔としている。

ファンスウァース邸　©みねぎし・やすお

サヴォア邸（一九三一年）

ル・コルビュジエは、プランを四角に纏《まと》めた形に精神の満足があると言ったが、この家も、四角に造られ、壁と窓の形が黄金比で整えられて、その白い四角い形は草木の緑の中で鮮やかであり、立面はどこも比例よく美しい。

内部は、階段、斜路、廊下、どこの形も美しいが、居間の暖炉廻りの造りが貧しく、屋上庭園が空しく、生活が外の庭の自然と結びつかない。ル・コルビュジエは画家でもあり、家に生活空間の豊かさより抽象美術的な美を求めたのであろう。

マルセーユの住居区単位《ユニテ・ダビタション》（一九五二年）

第二大戦後数年してこの建物が建築雑誌に現れ、ル・コルビュジエ健在を知らせた。戦前彼は、都市の過密化を高層化で解決することを主張、通勤時間が減れば心身を鍛える余暇時間が増すと論じ、「輝く都市」を提案して世界を廻ったが実現しなかった。その住居区が実現したのである。その姿は比例よく美しい。しかし心身を鍛える施設は屋上の走路しかなく、子供の遊び場と屋上のコンクリートである。貧民窟を地上高く始末した美術家の夢が産業社会で叶えられたと言えようか。

ロンシャンの礼拝堂（一九五五年）

反《そ》り屋根と曲面壁の造型はみごとで美しいが、反り屋根は、その下の袖壁とともに屋外ミサの祭壇と説教台を囲う装置で、薄膜の屋根と天井は壁から浮かせてある。この堂「山上のマリア」は、周囲を見晴らす丘にあり、三千の巡礼者が集まる。戦時に高射砲が置かれて爆撃されたが、崩れた石造をコンクリートで補って造り直され、白く塗られた。その白い抽象形はル・コルビュジエが若い頃ギリシアの島で見た石積みの屋根と壁を白く塗った形と同じ地中海精神によるものであろう。

ラ・トゥーレット修道院（一九六〇年）

この建物の四角に張り出た形は力強く、窓など細部の比例が美しい。ル・コルビュジエは、三方が森の急斜面の草地に、まず上方に水平面を想定して屋根とし、その下に床を平行に重ねてピロティで支えたと言う。内も外も「モデュロール」で寸法を決めている。彼はゴチックの垂直と構造を嫌った。壁で囲った祈祷所の空間で、三つの天窓の光による明暗の交錯を見せているが、これも『東方への旅』で彼が感動した回教寺院の明暗の空間の対比と同じ地中海精神によるものであろう。

フランク・ロイド・ライト：タリアセン・ノース

フランク・ロイド・ライト：タリアセン・ノース

フランク・ロイド・ライト：タリアセン・ウェスト

フランク・ロイド・ライト：タリアセン・ウェスト

フランク・ロイド・ライト：カウフマン邸「落水荘」

フランク・ロイド・ライト：カウフマン邸「落水荘」

フランク・ロイド・ライト：ジョンソン・ワックス社事務棟

フランク・ロイド・ライト：ジョンソン・ワックス社事務棟

フランク・ロイド・ライト：ユニテリア会堂

フランク・ロイド・ライト：ユニテリア会堂

フランク・ロイド・ライト：モスバーグ邸

フランク・ロイド・ライト：モスバーグ邸

フランク・ロイド・ライト：フロリダ南大学

フランク・ロイド・ライト：フロリダ南大学

フランク・ロイド・ライト：グッゲンハイム美術館

フランク・ロイド・ライト：グッゲンハイム美術館

タリアセン・ノース（一九一一—一九二五年）

ライトの母方の祖父はイギリスのウェールズ出身の伝導師で、自由を求めてアメリカに渡り、中西部の開拓者となった。ライトは少年のころ毎夏叔父の農場に預けられ、牛の世話や畑仕事を手伝って経験から学び、自然を知ることを学んだ。シカゴに建築の修業に出たライトは、独立して二十年ほど働いて、転機を迎え、私生活も破綻したとき、祖父の開拓したウィスコンシンの丘陵地に土地を得て、一九一一年、生活を立て直すため住居と仕事場を建て、「タリアセン」と呼んだ。古代ウェールズで美術の栄光を歌った吟遊詩人の名で、「輝く眉《まゆ》」を意味する。建物を小高い丘の頭の眉に当たる所に配置した。基礎と腰壁に近くの石切場の石を積み、壁と屋根は木造として軒を深く、塗り壁に下の河の砂を入れた。後、増築を続け、二度も火災で再建された。居間は、壁から立ち上げた勾配屋根に小屋組がないので天井が高く、柱がないので広びろとして、石積みの大暖炉を団欒の中心とし、ライト設計の譜面台とピアノを置く。国内と海外から訪れる友人や客、建築を学ぶ若者がいて、土曜の夜は家族とともに夜食会を開き、談話や歌、楽器演奏を楽しむ。二十世紀の室内の傑作であろう。

タリアセン・ウェスト（一九三七年）

ライトは、一九二八年、アリゾナの開発者からリゾート施設の設計を依頼されて、敷地に案内されたとき、岩石の山と谷の景観に衝撃を受け、アリゾナのこの地域ほど建築家の創造力を奮い立たせる所があろうかと思い、サボテンが砂漠に育つようにアメリカの土地と社会から建築を育てる機会を得たことを喜んだ、と『自伝』に記している。その建築のため、敷地の見える卓状丘に建てたテント小舎で設計図を作ったが、一九二九年の大不況で挫折した。しかし卓状丘で星空の下に寝て朝を迎えた解放感が忘れられず、一九三六年、アリゾナに土地を得てテント式の建物を建て、「タリアセン・ウェスト」と名づけ、ウィスコンシンの寒い冬を避けて秋は「ウェスト」に行き、春は「ノース」に帰る渡りの生活が始まった。

建物は、敷地の岩石を積んでコンクリートで固めた腰壁で囲い、上に木造の組み梁を架け渡し、木枠にテント布を張ったもので間を塞《ふさ》いだだけで、そのテント布の木枠に蝶番をつけ、はね上げて空気を入れる。ライトは頭上が解放されたことを喜んだ。建てたのは、タリアセンに学びに来た若者であり、近くにテントを張って住んだ。経験を通しての教育である。

カウフマン邸「落水荘」（一九三五年）

一九三二年、ニューヨークの近代美術館が中欧の近代建築を紹介し、担当したH・R・ヒチコックが啓蒙書『国際様式』を出版したが、ライトは、アメリカ固有の建築を開拓しようとした半生を綴った『自伝』を発表した。その本を読んで感動してライトのもとに学びに来た若者の一人の父親、エドガー・カウフマンは、ライトと初対面で互いを認め合ったという。ライトをペンシルヴェニアの森の山荘に招いて、よく水浴と日光浴をする小さな滝と岩棚のあるところに連れて行き、そこに休日の家を建てる話をした。ライトは家に帰ると直ぐ「滝に行ったことは忘れられません。頭の中では、家は渓川の音楽に合わせて形を取り始めています」と手紙に書き送っている。

その家は、岩棚をコンクリートの床で延長して渓川の上に張り出して居間とし、その上に二階、三階の寝室の床と平屋根を張り出した形で、居間からは吊階段で川に水浴に降り、どの部屋からも森を見晴らすバルコニーに出ることができる。対岸から望めば、「白鳥が湖に浮かぶように」敷地に釣合いよく安定した姿を見せている。

ジョンソン・ワックス社事務棟（一九三九年）

『自伝』に、一九三六年、設計の仕事がなく暗い雲の覆うタリアセンに、ジョンソン・ワックス社の若社長が白馬の騎士として現れ、仕事の到来を告げると、雲は拡《はら》われ、窓に小鳥が鳴き、立葵が花開くと、設計再開の喜びを語り、この建物は聖堂が祈る心を高めるように働く心を高め、最高最善の近代事務を建築の形に解釈したものにしようと思ったと記している。

工場の中なので、事務室は周囲に背を向けて煉瓦の壁で囲い、間仕切りがなく広びろとした、高い天井から光を入れる、落ち着いた大空間とした。構造は、きのこ型の細い鉄柱を二十フィート間隔で立て、笠と笠、笠と壁の間にガラス管を並べて屋根と壁を一体化したもので、並ぶ柱が空間にリズムを与えている。その空間は煉瓦の質感によって暖かく、上からの光によって静かで、社員は退社時刻が来てもなかなか帰らなかったという。

また円を形の基調として、部屋の角も柱も丸く、階段もエレベーターも円筒形、机の端も椅子の背と座も円形、人の動きが滑らかである。外観や室内の優美な滑らかさが評判となり、新聞雑誌ラジオで全米に知られ、今も見学者が絶えない。

ユニテリア会堂（一九四九年）

この会堂の冊子にライトが寄せた言葉に、「ユニテリア教は、生きる、成長する人間への信念であり、ユニテリア教徒は、今日アメリカの都市が生きる力を失って分散化を必要としている問題を無視することはできない。この会堂を市内に建てる計画を持って来られたとき、私が市内を遠く出てカントリー・クラブのようにすることを主張して、それが受け入れられ、こうしてこの会堂が分散化＝成長の原理によって自然の中に建てられることとなった」とある。

敷地は、湖を遠く望む台地と緩く下る林の斜面にあり、建物は、台地の端に事務室、礼拝堂と談話室、教室七室、団欒・音楽室を並べ、台地側では、広い芝生に平行に、緩い勾配屋根を低く伸ばし、談話室のところで軒を折り上げて外に開き、斜面側では、礼拝堂の大屋根とガラス面と石積み壁を斜面に押し出し、団欒・音楽室はテラスに開く。

プランは一辺が四フィートの菱型を規準形として展開し、三角形を希望の象徴と見るライトは、礼拝室のプランも断面も三角にして勾配天井を祭壇に向かって高く上げ、祈って合わす手であると説明し、その姿は塔より多くを語ると言う。

モスバーグ邸（一九五一年）

敷地は林の中の西と北に道路のある角地で、建物は、居間棟を西に、寝室棟を北に、逆L字型に配置し、道路と冬の北風に背を向け、東南の庭に向かう形である。庭は、煉瓦敷きの広いテラスを設けて、緑陰樹のプラタナスを植え、南に芝生を延長して百合やバラなど寄せ植えで縁取っている。そのテラスに面し、居間棟では「庭園室《ガーデン・ルーム》（サン・ルーム）」、寝室棟では食堂を置き、ともに床をテラスと同一面の煉瓦敷きとし、床から天井まで両開きガラス戸として開放的である。

室内は、特焼きの煉瓦と糸杉のよい材料、よい仕事、よい設計でどこも美しいが、特に居間は、「庭園室」から見れば、舟底天井が高く、右奥に煉瓦積みの大暖炉と談話席があり、左に煉瓦の壁が伸びて造付けの書棚と椅子が人間の尺度を与え、左奥は六角の大窓として光を入れて、空間構成はみごとであり、壁の煉瓦、家具や建具の木、ベージュ色の椅子布と絨毯の質感と色の対比と調和は豊かで美しい。

この家は、家族生活の様相が変り、手仕事が廃《すた》れた今日では、「古きよき昔」であろうか。

フロリダ南大学（一九三八―一九五八年）

学長ラド・スピヴェイはライトに「設計をお願いに来たのはあなたの建築だけでなく哲学の故でもあります」と言った。この大学についてライトは記す、「構内の配置計画は、屋根が深い影を与える歩廊によって構成され、歩廊が建物の間を曲折して建物を結び付け、すべてはフロリダ的――南国的で感覚豊か――であり、植樹も豊かである」と。

鳥瞰図で見れば、目的に応じて形造った建物を分散配置して歩廊で関係づけ、全面に木を描き込み、中ほどに円形広場を設けて、円形の池に噴水で水のドームを上げ、湖岸に水泳プールと野外劇場風な半円形の観客席を造り、歩廊を舟着き桟橋まで伸ばしている。ライトは、古代ローマやルネサンスの庭園に対する近代の庭園として構想したのであろうか。

ファイファー礼拝堂は、屋根を二枚の壁として折り立て、間にガラスを張って反射光と直射光を入れて白い壁と赤い座席を照らし、外壁に積んだブロックにはめた色ガラスが内部の影の部分に点々と輝いて美しく、フロリダ的と言おうか。

赤い花のブーゲンビリアと白い大きな穂のパンパスすすきなど植栽も南国的である。

グッゲンハイム美術館（一九五六年）

天井の低い入口から入ると右に明るく開けた室内が見え、誘い込まれる。周囲が丸く、上からの光に彫刻が美しく見える空間で、奥に斜路というより斜床の登り口があって右廻りに登り、見上げれば、斜床の手すり壁が何層にも周囲を巻いて、高く大きな吹抜け空間をつくり、その張りつめた立体構成の素晴らしさに圧倒される。しかし斜床に入れば、それを支える袖壁が斜床を一定の広さに区画し、絵を見るのに適した親しみのある空間とし、全体が美術を楽しむ廻廊となっている。

室内空間の開放と屋根床壁の一体化は早くから試み、一九〇三年のラーキン・ビルで各階の間仕切を無くし、床の中央を吹き抜けて天窓から光を入れ、「落水荘」で屋根と床を持出し構造にして柱や壁と一体化して、グッゲンハイムに達した。しかしその何層にも宙に浮く床の均衡する姿に、「バッハやパレストリーナの曲が旋律に旋律を重ねて響かせる」の言葉を思い出し、それらを聴いて育ったライトの空間構想の源は、グレゴリウス聖歌以来の音楽の構造にあるのでは、とも思う。

ラグナル・エストベリ：ストックホルム市庁舎

ラグナル・エストベリ：ストックホルム市庁舎

ラグナル・エストベリ：ストックホルム市庁舎

ラグナル・エストベリ：ストックホルム市庁舎

グンナル・アスプルンド：「森の葬儀場」

グンナル・アスプルンド：「森の葬儀場」

グンナル・アスプルンド：ストックホルム市立図書館

グンナル・アスプルンド：ストックホルム市立図書館

グンナル・アスプルンド：「休日の家」

グンナル・アスプルンド：「休日の家」

グンナル・アスプルンド：「休日の家」

グンナル・アスプルンド：「休日の家」

アルネ・ヤコブセン：クランペンボーの連続住宅

アルネ・ヤコブセン：クランペンボーの連続住宅

ヨルン・ウッツォン：フレーデンスボーの連鎖住宅

ヨルン・ウッツォン：フレーデンスボーの連鎖住宅

ストックホルム市庁舎（一九一一―一九二三年）

十九世紀の末、中欧のウィーンでオットー・ヴァクナーが教本『近代建築』を出版して、鉄を構造材として使えば建築で何でもできると言って銀行や郵便貯金局の営業室にガラスの屋根を架けていたが、北欧のコペンハーゲンでもマルティン・ニーロップが市庁舎の入口広間と事務棟廊下にガラス屋根を架けていた。しかしヴァクナーがウィーンの市役所を批判して、その前庭をバロックの広場のように構成して、建物を景観の眼目とするべきであると論じたが、ニーロップが建てた市庁舎ではそのような外観の威容を求めず、市民に親しいものとするために、室内装飾に身近な動物を題材とし、中庭に花や木を植えて腰掛けを置き、入口広間を街中の広場の造りとしてガラス屋根から自然光を入れ、誰でも自由に入れるようにした。

ニーロップの市庁舎のほぼ十年後に計画されたラグナル・エストベリのストックホルム市庁舎はどのように建てられたか。ここでは、建物を街路に寄せて、湖に向かう側を庭園としているので、湖上の船や対岸から見れば、岸が低く伸びて左に繁み、右に塔があり、海上から望むヴェネツィアのサン・マルコ広場の姿を思わせるが、この庭園が、建物を湖の広がりと背後の街景に美しく結びつけていることに気づかれよう。

この建物の街路側に前庭がなく、中世と今日のストックホルムを浮彫りした御影石を両脇に置くヴァイキング造りの樫の扉を入ると中庭があり、アーケードを通して湖岸の庭園が見え、右に市庁舎の出入口がある。庭園は、一部がサン・マルコ広場の船着場のように造られ、市民に親しい公園にされている。入口広間に入ると、高窓からの光が赤い煉瓦の壁を照らす詩的な空間で、三方を柱廊で囲んで白大理石の階段を置くイタリア広場の造りであり、そこまでは誰でも入れ、オルガンの演奏が聴かれる。エストベリは、市民の社会生活の場であるイタリア広場を北欧に取り込もうとしたのであろう。

そして会議や集会に使う「黄金の間」は、古い城の写しの格天井を張り、壁にモザイク・タイルでスウェーデンの歴史を描き、議場は木造として天井にヴァイキング風な小屋組を見せた。ヴァクナーは工業材料を使って新しい建築を求めたが、エストベリは近代の社会施設に、煉瓦、石、木の自然材料と職人の手仕事によって、質の高い、美しい建築を達成しようと努めたのである。北欧の感性と言えようか。

「森の葬儀場」（一九一五―一九四〇年）

グンナル・アスプルンドは、国際様式に移り、新古典様式に逆戻りしたと言われるが、常に自然と人間から出発していたとアルヴァル・アールトは言う。ここでは古典様式の軸線は人の歩く道である。

墓地を道路から距《へだ》てる土堤の切通しを抜けると、緩い傾斜の草地が広がり、左に低い壁と並木に沿い道が緩やかに登り、その先にある柱列が草地の右の小さな高まりに対応しているのが見える。応募案では森の中央を通る道が主題であったが、入口から入った所が元は石切場であったので、森でなく草地に変更し、道を脇に寄せたのであろう。そして石を切出した穴は池として蒲や睡蓮を入れ、土を掘上げた山は頂きに落葉樹を数本植え、腰掛けを造って「瞑想の木立」と名づけた。この美しい草地は礼拝堂や墓に向かう人に心の用意をさせるであろう。「瞑想の木立」から見れば、大礼拝堂は列柱廊の後ろに置かれ、二つの小礼拝堂は正面が中庭の壁に連続され、建築が目立たず自然と美しく一体化されていることが知られよう。同様に墓地も、等間隔に植えた落葉樹の下に、墓標が草に隠れるほど低く目立たず、葉裏を通す光に明るく静かに美しい。

ストックホルム市立図書館（一九二〇―一九二八年）

自然と人間からの発想は古典様式の建物ではどうか。敷地は小高い丘の東北の裾のL型の土地で、東と北に道路が通る。建物は直方体に円筒を立てた簡潔な形で丘より少し高い。丘の角に角を突き合わせて建てられ、建物の東の面と北の面が、丘の斜面とも道路の家並とも平行して、その姿が周囲の景観と美しく一致して見える。

平面図は円形を三つの長方形が囲む形で、円の中心を通って東西と南北の軸線がある。利用者は東の道路から入り、右に新聞雑誌室、左に児童図書室があり、中央の階段で円形の目録室に達し、図書搬入は北の道路から事務室と作業室を通り、円形の書庫に納まる。上が目録室であり、人と本の動線は直交する軸線とみごとに重なる。

敷地の東の道路に沿う部分に造られた公園は、南のI・テングボムの商科大学と図書館を結んで、端から端まで並木道と池と芝生とし、丘の斜面の林を取り込んだ単純な構成の緑の空間であり、端に噴泉とテラスを造っている。図書館のこの面に児童図書室があり、室内の中ほどの壁を床から天井までガラス面として、閉じた読書空間を公園の日光と緑に開いている。

「休日の家」（一九三七年）

戦後間もない一九五〇年ごろ、建築の雑誌が取上げる住宅は、アメリカでは、ライトは別として、「実験住宅」と題するものもあって、鉄骨にガラス張りの、工業材料によって新しい建築表現を求めるものが主で、ミースのファンスウァース邸がその一つであり、北欧では、休日の家のような自然と共にある生活を喜ぶものが目に立ち、素地仕上げの板壁や丸木柱が美しく、アスプルンドのこの家はそれらの先駆けの一つであった。

場所は、ストックホルム市内から南に、七、八十キロの、海に近い、麦畑が雑木林になるところで、南に向かう道路から、東側の敷地に入る。雑木林を切開いた道をしばらく行くと、向こうに、開けた草地の斜面にこの家が現れる。スウェーデンの木造の家の赤茶色の壁でなく中欧の近代建築の白い壁であるが、屋根によって形が和《やわ》らげられ、北欧の低い日差しを受けて、周囲の緑の中に美しく映えていた。近づいて見れば、南に緩く降る芝生の庭の北に岩山が頭を出し、建物は岩山の裾に繋がって斜面を降り、端で折れて斜めに西にずり出て庭を囲う形となり、庭の中央に松が頭を切られて下枝を張る緑陰樹とされ、卓子と椅子が置いてあった。屋外暖炉があり、読書だけでなく、茶や食事の場にもなるのであろう。

最初のスケッチでは、古い農家の丸太小舎のように台所、寝室、居間の三棟に分けていた。昔の人が木の家をどう建て、使ったか試したかったのであろう。実施で、一つの建物にまとめたが、部屋の配列は変えず、台所から居間に廊下を通して、その外に屋根の下のポーチを設け、出入口を作って、建物を庭に向かって開かせた。ポーチには簀の子板を張って籐椅子を置き、道路からポーチまで飛び石とし、建物の裾に花の草木を寄せ植えしたのは、日本の住宅と庭への共感であろうか。

屋根は民家園で見るこけら板葺きであるが壁は丸太でなく小幅板の横張りで白く塗り、板の継目が壁を魅力的にしている。

室内は塗らず素地の木で、造付けの棚や戸棚の部材が細身で比例よく、大きなガラス窓は軽く上がり網戸が降りる仕掛けであり、椅子や家具が設計がよく仕事がよく、どこも美しい。寝室は必要最小限であるが、居間は丸太の棟木と勾配天井の下に広びろとして、数段降りる煉瓦の段々の脇に農家風な暖炉が口をあけ、海を望む窓の前に優雅な背の二人掛けの椅子を置き、天井の低い側の壁に机と書類棚を造付けて製図板を並べ、読み書きするなど、自由な寛ろぎの間としている。

グルンドヴィ教会堂

グルンドヴィ教会堂（一九一三―一九三〇年）

デンマークではイェンセン・クリントのグルンドヴィ教会堂を挙げたい。ベージュ色の煉瓦を真直ぐ積んだ構造に、窓や出入口扉を素地の木とし、縄編み座の木の椅子を置く、静かな光の美しい空間で理智的、簡素で温かい。

教会堂の前をあけて、教会堂と同じ造りの街路を通し、その先の墓地も、林を切開いて、遠く教会堂の正面が望めるように真直ぐ道を通している。

教会堂の椅子を造った息子のコーレ・クリントは、後に美術アカデミーに家具の科を設け、デンマークの近代椅子の名手たちを育てることになる。

クランペンボーの連続住宅（一九五〇―一九五五年）

アルネ・ヤコブセンは、デンマーク近代建築の先駆者で、一九五六年に最初の金属ガラス張りを試みたが、少し前のこの建物は煉瓦である。クランペンボーは海水浴場のある保養地で、敷地に住宅があったが取壊し、庭を縁取るみごとな老木は残した。どの家にも東の海が見え、午後の日が入るようにしたという。連続住宅は、平屋根の二階建てと一階建ての他に、片流れ屋根の二階建てと一階建てを向かい合わせたものがあり、単調になりがちな連続住宅群に美しい変化を与えている。

フレーデンスボーの連鎖住宅（一九六二―一九六三年）

ヨルン・ウッツォンには、教会堂で「垂れた雲の高みからの光が地上の命を育くむ」とのイメージから曲面天井を考えた、といった発想の楽しさがある。この住宅では、各戸が囲う中庭の外壁を低くして遠く森や野を見晴らし、各戸を鎖状にして隣家から見えず、道路側は灌木を密植して隔離性を得ている。また、海外生活を終えて帰国した人の家なので、クラブ室、談話室、食堂など集まりや社交のための共同の建物と中庭を設け、内装も家具も素地の木でデザインの質が高く、美しい。

アルヴァル・アールト：パイミオ結核療養所

アルヴァル・アールト：パイミオ結核療養所

アルヴァル・アールト：マイレア荘

アルヴァル・アールト：マイレア荘

アルヴァル・アールト：サユナッサロ役場

アルヴァル・アールト：サユナッサロ役場

アルヴァル・アールト：オタニエミ工科大学

アルヴァル・アールト：オタニエミ工科大学

アルヴァル・アールト：ヴォクセンニスカの教会堂

アルヴァル・アールト：ヴォクセンニスカの教会堂

アルヴァル・アールト：ヴォクセンニスカの教会堂

アルヴァル・アールト：ヴォクセンニスカの教会堂

アルヴァル・アールト：フィンランディア会館

アルヴァル・アールト：フィンランディア会館

アルヴァル・アールト：フィンランディア会館

アルヴァル・アールト：フィンランディア会館

パイミオ結核療養所（一九二八―一九三三年）

一九三〇年代の半ば学生であった私はこの建物を雑誌で見て、正面の清新な美しさとプランと断面の合理的で自由な形に感嘆した。三十年ほど後に実地に見て、正面の立体構成のみごとさは、手を差し延べて迎えるように、奥の事務棟から左に低い食堂棟、右に少し高い病室棟が直角より少し開いた角度で伸び出た形のよさによることを理解し、清新な感じは、窓割りの比例の美しさと北欧の低い日差しと天空光の映える建物の影の部分の美しさによるものであろうと思った。

内部にも清新な印象を与える工夫は数々あり、入口広間の受付けを囲う曲面ガラスは、アスプルンドが映画館の切符売場の前面をガラスにして中の娘を紅い箱の美しい飾り人形としたのに対し、働く娘たちを天窓からの光で美しく健康に見せている。また控室や食堂、講話室に並ぶ椅子も清新で美しい。近代の開発した金属の椅子は手触りが固く冷たく、床に当たる音が鋭いので、アールトは木の椅子を工夫し、樺の積層材と合板を得て、合理的な構造で比例のよい形の椅子を創り出した。アールトの椅子は、今日では、病院や図書館だけでなく学校や住宅に、北欧でも世界でも、親しまれ使われている。

マイレア荘（一九三八―一九三九年）

マイレは製作業で成功した企業家の孫で、夫のハリーはその会社の社長であるが共に社会を改良しようとの信念を持っていた。二人の親友アールトは、すでに工場と従業員宿舎の建築を任されていたが、ここで住宅を設計することとなった。祖父は十九世紀末に伝統様式のヴィクトリア朝で建て、父は新時代を告げるアール・ヌーヴォーであった。近くに建てる二人の家は、新しい生活、彼らの感性を示すものでなければならなかった。

その家が小高い丘に建てられて、下枝を払って明るい落葉樹の疎林の中に白い壁を美しく見せ、庭に廻って見れば、左に古い農家風なサウナ小舎、テラスで繋いで右に白い建物があり、手前に折れて庭を囲い、美しい建築空間としている。庭は椅子や卓子を並べて、会食や歓談、音楽を楽しむ場となろう。この家が、外部では入口庇を何本かの細い木の丸棒で支えて軽快に見せ、二階の端を縦板張りの曲面として白い四角を和らげ、内では居間の天井に極細の木格子を縦横に重ね張りして音響効果を求めるなど木を新しく使って、工業材料による近代住宅の失った自然と人間性を取戻そうとしたのであろう。

サユナッサロ役場（一九五〇―一九五二年）

サユナッサロはユヴァスキュラから数キロの松林の小島で、各地の小工場を集めて合板工場を作ることとなり、人口三千の村の住宅と公共施設の配置計画がアールトに任されていたが、役場だけが競技設計に出され、アールトが獲得した。その計画案で議場の建物が高過ぎないかと問われ、アールトは世界で最も美しいシェナの議場と同じ高さにしましょうと答えたというが、市民の社会生活の場としてのイタリアの広場や古い町の煉瓦の美しさへの思いもあったのではないか。しかし、社会施設が役場と図書館と商店だけではシェナのような広場は囲めず、中庭を囲む建物として広場の端に建て、中庭は一階上げて広場から階段で登り、噴水を設け、草花や白樺を植えて親しみある空間とし、そこから役場と図書館に入れる。

戦後でセメントや鋼材が乏しく、煉瓦で建て、特別に焼かせて焼焦げのものも使った。その煉瓦の壁が軒の出がないため面が強調されて松の緑の中に美しく、議場の壁も高く立ち、蝶型の屋根とした形が美しい。そして議場は、三面を煉瓦の壁として高窓からの光に美しく、議長、議員、傍聴人が同一床面に、質の高い木の椅子に、親しい集いの空間としている。

魅力的な珠玉の作品である。

オタニエミ工科大学講堂

オタニエミ工科大学（一九五六年）

オタニエミはヘルシンキから十キロほどの海に近い穏やかに起伏する丘陵地で、敷地はかつて荘園主の館と庭があって辺りを見渡す小高い丘にあり、並木道が登る。全体計画についてアールトは言う、建物は周囲を見渡す丘の上に配置し、外側に、車の道路を通し、内側は、車を入れない広場を、校庭で、向かいの学生宿舎や運動場の地区と関係づける。それらの建物群の中心、円形劇場型の講堂は敷地の最も高い所に置き、その屋根が広場に属するので野外劇場風にして高く立ち上げ、広場は校庭の最も高い所、本部の前に設け、学生の集会や学長の講話に適した場とする、と。こうして古代市民社会の広場と野外劇場への思いもあって、地形と建物を一体化した魅力的な学園を創り上げた。

ヴォクセンニスカの教会堂（一九五七―一九五九年）

第二世界大戦でフィンランド東部がソヴィエトに奪われ、引揚げて来た人びとと工場が新しい国境に近いイマトラに集中し、戦後、必要とされた都市計画や中心施設計画は、アールトが設計競技で得て案を作ったが実現されず、この教会堂だけ建てられた。当時、これらの地域に公民館といったものがなく、教会堂が、宗教儀礼だけでなく地域の人びとの集会や催し、講習会や青少年のクラブ活動などにも使われていた。そこでこの教会堂は三室に分けて、可動の仕切り壁によって一室だけあるいは二室、三室を合わせて大小の目的に応じて使えるようにした。外壁と天井を膨《ふく》らめたのはそれぞれの部屋に完結感を与えるためであり、そして内壁を真直ぐ通したのは三室合わせたとき統一感を与えるためであろう。

内部は、床の赤いタイルと椅子の素地の木の他に色がなく、膨らむ天井と壁が連続して形のない空間に、幾つかの天窓と高窓からの静かな光が満ちて美しく、外部は、膨らむ形に屋根の銅板を壁まで葺き下ろす自然な曲面が木立ちの中に美しく、高く立つ鐘塔が森を越えて遠く響きを伝える。

フィンランディア会館（一九七一―一九七五年）

一九六五年、アールトはヘルシンキ中心施設の計画案を市議会で発表したが、自然保護団体の反対があって実施されず、この音楽堂と国際会議場だけが所を変えて実現された。計画案では、湖の岸に並ぶ建物の湖に向かう面は岸に平行する面であったが、この建物も、湖から離されても、立面は岸に平行する面であり、左から五分の一ほどを白い壁とし、あとは縦長の窓の連続として、地面に平行に伸びる二階バルコニーの手すり壁で引締め、右から四分の一あたりで、階段の白い壁面で連続窓を中断し、屋上に演奏場の屋根を立ち上げる。この単純に力強く構成された白い面は森の緑豊かな繁みに美しい。

この種の建物が五、六棟湾岸に実現していたなら、ヘルシンキは「バルト海の白き乙女」の呼び名を取戻せたであろう。

敷地の反対側は、幹線道路が通るが十メートルほど高く、斜面に木が繁り、建物との間に落着いた中庭を造ることができ、演奏会場と会議場の入口を設けた。入って階段を登ればフォアイェで、美しい中二階構成の空間が広がり、聴衆席に入る扉は黒い馬毛織り、座席は黒く、壁の黒い積層材のデザインは繊細。すべて比例よく、どこも白と黒と素地の木で気品高い。

幾何学的抽象と有機的思考

――ル・コルビュジエとフランク・ロイド・ライト

はじめに

二十世紀を代表する二人の建築家、フランク・ロイド・ライト（一八六七―一九五九）とル・コルビュジエ（一八八七―一九六五）は、前者が「自然を学べ、性質を表現せよ」と教え、後者は「自然は恣意的偶然的であり、精神の働きによって秩序立てる」と説いたように、自然にたいする態度が対照的である。この違いは芸術一般に通ずる問題であり、いつの時代にも見られるが、この二人が二十世紀に、何を論じ、どのように建てたか、見てみよう。

幾何学的抽象

ル・コルビュジエがノルマンディーの岩石の多い砂浜を歩いていたとき、突然、切り立った花崗岩の垂直線が現れ、海の水平線と直角に交差して互いの力を強め合い、その場を結晶させ、固定させた。それを見て、彼は感動し、立ち止まった。それは、すべての形の関係を高揚させ響かせる交響曲、高貴な総合であった、と彼は述べている。

それらの垂直線と水平線や形の関係は、ノルマンディーや花崗岩、海や砂浜といった自然物やそれらに働く重力を超越した精神的知覚であり、まさにそれは、科学的認識を理論づけたと言われるカントが、先験的、超越的に人間に具《そなわ》っているとした三次元の空間概念と同種の幾何学的抽象である。幾何学的精神は静止し、完全や永遠を求める。

ル・コルビュジエはこのような感動を生涯に何度か経験し、その一つがパルテノン神殿の正面の圧倒的な力強さであったと記している。それでは、ル・コルビュジエの目ざした建築は、このような感動を与える、形の比例関係の調和が高揚した構成であったのであろうか。

有機的思考

ライトは、建築は生活である、少なくともそれは形を取る生活であり、それゆえその記録であると言った。そして語る、道を歩いていて野の花の美しさに惹《ひ》かれ、立ち止まって魅力の因《もと》を探り、花の形とその下の葉の茎への着き方に共通感情を見出す。それは、植物が成長して作る構造の型であり、全体から部分に及んで花に至るのが見られよう。有機的である、と。

ライトは、植物の生命の働きが作る構造の型を、生活の営みが作る建築の構造の型に適用して、有機的建築と名づけた。ライトは、力学的に均衡を得た構造が、敷地に安定して立つ姿に美しさを感じていた。花と葉に同じ作りを認めたライトの観察は、花が葉の変化したものと考えたゲーテの自然観に通じている。人間観においても、ライトとゲーテは成長と変化を重視していた。

アメリカ中西部で建築を始めたライトは、平原では少しでも高いと目につくと言って建物を敷地に広く展開させ、大地に沿って低く伸びる屋根に、人間の生活と周囲の自然との親和の表現を見ていた。

産業革命の結果、都市に人口が集中して新しい市民層が形成され、産業施設とともに新しい市民施設や住居建築が必要とされた。それらの建築は、昔からの宗教建築や権力者の建物の形を借りたが、やがて矛盾に気づかれ、十九世紀の終りから建築の革新が始まり、二十世紀の近代建築の発展となった。機械の発達が新しい材料と方法を提供した。

以下では、そのような情況でル・コルビュジエとライトが、どのようにして自分の建築を見出し、独自の建築観を得たか、を述べることになろう。

外観の比例の美学　ル・コルビュジエ

ル・コルビュジエは、一九二三年に発表した『建築へ』において、まず、様式や装飾は建築と関わりがないとして斥《しりぞ》け、「原点の幾何学に帰れ」と呼びかけて、「建築は、光のもとに集めた立体の操作である」と規定する。立体とは、立方体、角柱、角錐、円筒、球など初等幾何学の基本形で、それらは単純で明白な形であるゆえに美しい、と彼は言う。建物とは、それらの立体を包む面に窓や出入口など開口部を設けたものであり、建物の面は、規整線（黄金比の二辺が作る直角三角形の斜辺）によって、各部や全体、開口部や壁面を比例よく割りつけて、美しい構成とすることを主張し、そこに建築があると言う。そして、ミケランジェロによるローマのカピトリーノの建物の正面に規整線を書き入れた写真をも載せている。

続く三つの章では話題を転じて、機械を例にあげて論を進める。第一次大戦後、大西洋航路が活潑となって、大型商船が建造され、飛行機が実用化され、自動車が量産され始めたが、どれも形が美しく、ル・コルビュジエはそれらの写真に読者の目を向けさせて、商船には、経済と計算により材料と構造そのままで単純で美しい船室を造ることを学び、飛行機には、浮力と揚力に分けて飛ぶことができたことに住むことの機能を分析することを習い、自動車には、標準化を進めて、選びに選んで典型を得ることを学ぶべきである、パルテノンが典型に達するまでに百年かかったと説く。これらのことは十九世紀の末に建築界に入った合理的思考をル・コルビュジエ流に解釈したものであるが、さらに、建築家の使命は、それだけではなく、機能や構造を越えたところにあり、プラトンのイデアのようなものであるとさえ言っている。

そして「建築」と題する本論では、「建築とは、感動を与える関係を、ものによって打ち立てることである」と規定し、彼が若いころ「東方への旅」で経験した、建築を成立させるものについて語る。

まず感動を与える「関係の感覚」について、ルネサンスが盛りであったローマに移住したビザンチンの貧しいギリシア人が建てたコスメディンの聖マリア教会堂の小さく簡素な内部に感動したことを述べる。量が比例尺度によって配分されて、リズムづけられ、生気づけられ、単一の微妙な関係が全体に行き渡っている。その均衡した静寂の中に、祭壇に登る斜めの手すりと聖歌台の石の本の傾きが呼応する。この二本の控え目な線に建築の純粋な単純な美しさがある。精神の純粋な創造。この教会堂には、遠い時代のフィディアスの種子が保たれている、とル・コルビュジエは考える。

次に建築要素の「光と影、実と空（壁面と開口）」について、ブルサの回教寺院では、人間的な尺度の入口から入る前室の小さな暗い空間は、次に入る空間の大きさを印象づける働きを持つ。光溢れる白大理石の大きな空間、その向こう数段上の同じ大きさの影に満ちた短音階の空間、両側に半影の小さな空間、振り返れば、全く小さな暗い空間が二つ。満ち溢れる光から全くの影までリズムがあり、ごく小さな出入口から全く大きな壁面まで比例尺度がある。目はそれらに捕らえられて、通常の尺度を失う。何という感動、何という信仰か、とル・コルビュジエは記している。

そして「軸線」について、幼児はよちよち軸線に向かい、大人は人生の嵐の中で軸線を描いて進む。軸線は目的に向かう行動の線である。建築は、軸線に基づいて建てられ、軸線によって秩序づけられる。ル・コルビュジエの軸線は地上に立つ人間の目の高さの見通し線である。

アクロポリス丘の軸線は、一方は、アテネ神像から遠くペンテリコン山に向かって、右にパルテノン神殿を配置し、左にエレクテイオン神殿を配置、他方は、プロピュライオン柱廊門から遥かピレウス港に向かい、沖の水平線と直角をつくる。

一方、ポンペイの広場のプランには多くの軸線があり、プランを見るのも、広場を散歩するのも精神の楽しみである、とル・コルビュジエは言う。

「精神の純粋な創造」については、宇宙には、すべてを秩序立てる軸線があって、人間の軸線もそこにある。パルテノン神殿を見て感動するのは、見ることによってそれの軸線に触れ、われわれの奥底の絃が鳴るからであるとル・コルビュジエは考える。今日、芸術が混迷しているが、パルテノンは確かなものを示している。それは、優れた感覚と数学的秩序による各部の関係のよさであって、パルテノンで最高に達している。そのモデナチュール（くり型など細部）は完全であると言うル・コルビュジエは、それら「精神の純粋な創造」を、円柱の頭部や基部、軒蛇腹や妻壁の細部の写真で説明している。

この建築論を書いて十年ほどの間にル・コルビュジエは、ジュネーヴの国際連盟会館の設計競技のための応募案（一九二七年）、モスクワのセントロソユース会館の計画案（一九二八年）によって、集会場、会議室棟、事務棟と機能別に分けて関係づける巧みな立体構成を示し、またガルシュの家（一九二七年）、サヴォア邸（一九三一年）など、いくつかの住宅によって白い壁に横長の連続窓の、比例の美しい、清新な魅力の立面を創って見せた。

ル・コルビュジエの比例の研究はその後さらに進んで、フィボナッチ級数や人体各部の寸法を組み入れ、一定の比例尺度の体系「モデュロール」を創り、建物の立面などを「規整」することになる。

第二次世界大戦後、ル・コルビュジエはロンシャンの礼拝堂（一九五五年）によって登場し、その反り屋根と曲面の壁のみごとな造型は、世界の建築家を驚かせ、彼は、「変貌した」とさえ思わせた。しかし、反り屋根は、彼によれば「かにの抜け殻」型の、薄膜の膨らんだ屋根と二次曲面の垂れ天井の袋張りであり、石積み壁をコンクリートの壁で補った壁の上に浮かせて載せ、構造力学と関係のない、「精神の純粋な造型」である。彼の建築の造りは「変貌」していない。

ラ・トゥーレット修道院（一九六〇年）の大小の礼拝場は、光と影、開口と壁を建築要素として、明るく暗く、広く狭く、対比させ、赤黄青の光を入れ、美しい空間造型である。若いとき、「東方への旅」で確認した空間造型である。

一九三〇年代、筆者が学生のころ、建築製図の最初の課題はパルテノン神殿の正面の左端、軒、妻壁、円柱、基壇の各部を円柱の径の何倍か何分の一の定められた寸法で作図することであった。明治に工部大学で始めた教育の名残りであろう。後に、その軒と柱頭の詳細図が、当時のパリ美術学校の先生ジョルジュ・グロモール『建築試論』とルネサンスの建築家レオン・バッティスタ・アルベルティ『建築論』にあることを知り、古代ギリシアの神殿の正面が規準寸法によることを、古代ローマのウィトルウィウス『建築書』に確認することができた。

ル・コルビュジエが数的比例による美しさを建築の形に求めたのは、この伝統による。彼自身も、「光の下の形の女王、地中海に固く結ばれた普遍人であると感ずる」と書いている。

ル・コルビュジエは海泳ぎに出て帰らぬ人となり、その墓は地中海を望む丘にある。畏友、広部達也さんはその優れたル・コルビュジエ論「凝視するデミウルゴス」の結びに、「地中海はこの思索する創造者を呼び戻す、

——思索の後の心地よい返礼として
ただ神々の静寂に向けて遥かな凝視——

を続けることを許された人として」と、ポール・ヴァレリーの詩「海辺の墓地」からの二行によって美しく締めている。

空間と構造の建築　フランク・ロイド・ライト

十九世紀の末に、シカゴに建築の修行に出たライトは、ルイ・サリヴァンとダンクマル・アドラーの所で六年近く働いて一八九三年に独立、ウィンズロー邸（一八九三年）を建てた。その家は、今も、小さな広場の向こうに、繁みを背に端正な姿を見せている。当時、シカゴ建築界の中心的存在であったダニエル・バーナムが、それを見に来て、「基礎石から煙突の笠石まで紳士の建物である」と褒《ほ》めた後、パリの美術学校とローマに古典建築を学びに行くことを勧めた。しかしライトは、サリヴァンに教えられてそれができなくされましたと言って断った。アメリカのものを創りたいと考えていたと『自伝』に書いている。

ライトは、初め一年ほど、ライマン・シルスビーの所にいて住宅の作り方を学び、サリヴァンの所に移っても住宅の仕事があれば任され、自分の家も作って、いろいろ試みていた。ウィンズロー邸には、正面の平面的な構成や装飾にサリヴァンから得たものが見られ、また室内には古典様式の柱列を巧みに取り入れた所もあるが、後にライト独自の手法となるものが幾つか現れている。

外部については、壁面の美しい平面的な造り方は、後のラーキン・ビル（一九〇三年）やユニティー会堂（一九〇六年）の装飾がなく平板な、しかし魅力的な壁の先駆であり、また二階の窓の下に見切り縁を廻して上の部分の仕上げを変えているのは、後に壁を支持体とせず、屋根をそれと関わりのない持ち出し構造とする前触れである。ロビー邸（一九〇六年）では壁の部分をガラス扉の連続とし、その上に、平らな屋根を持ち出し構造として大地に平行に長く伸ばし、平原を走る自動車に呼応するものとして、それを「ストリームド・ライン（流線型）」と呼んだ。

内部については、出入口広間と書斎、居間を連続させ、食堂との扉をなくし、食堂からテラスに出られるようにしたのは、後に平原住宅において間仕切りや扉をできるだけ減らし、外への出入口を広くして、内部空間の自由と開放を求めることの始まりであり、また、額縁やくり型などの細部を省いて単純化したのは、手仕事を少なくし、機械加工を容易にするためであった。火を燃す暖炉は、団欒の中心として欠かせないものとなった。

このような「住むための内の空間」とそれを護る屋根の構造の探究は、古典様式にはないものであった。

この家から始めて二十年近くシカゴ周辺に建てた家を、ライトは「平原住宅」と呼んだ。クーンレイ邸（一九〇七年）のような豪奢な家もあるが、またチェニー邸（一九〇三年）のように単純で合理的、経済的で住み心地よい家は、当時の質素で働きやすい服装を「衣裳改革」と言ったように「住居改革」とも言われ、都市を逃れて自然に近い郊外で子供を育てたいという余裕のある市民に喜ばれた。

一九一〇年、ライトが建てた建物と計画案の図面による作品集がドイツで出版されることになったとき、私生活が破綻し、仕事でも転機を予感したのか、ライトは家族を捨て、仕事も放棄してヨーロッパに旅立った。一年で帰ったが私生活の混乱は続き、社会の制裁もあり、二十年ほど停滞の時期が来る。その間に、自身の住居と仕事場、教育の場の「タリアセン」をウィスコンシンの穏やかな自然とアリゾナの荒々しい自然の中に建設し、また演劇の革新運動家のために実験劇場を計画、さらにアリゾナの荒れ地の開発者のためにコンクリート・ブロック造の保養施設を山腹に計画し、パイプオルガンを据えて山と谷に響かせようとした。しかし一九二九年の大不況によって挫折した。

一九三〇年代に入って、アメリカ経済が大不況から脱し、ライトも仕事の機会に恵まれるようになった。

一九三二年、ニューヨーク近代美術館が近代建築展を催し、ヨーロッパの一九二〇年代の近代建築を紹介したが、その際、歴史家、評論家のH・R・ヒチコックが論著『国際様式』で、「かつてライトは偉大な先駆者であった、しかしこれからの主導的な建築家はル・コルビュジエ、グロピウス、ミース、オウトであろう」という意味のことを書いた。そこでライトはヒチコックに「私はこれからも偉大な建築家である」と冗談を書いて送り、数年後の一九三八年、建築誌『フォーラム』に近作を発表して健在を知らせ、カウフマン邸「落水荘」(一九三五年)は、谷川の上に張り出す構造によって世界の建築家を驚嘆させた。

その建築誌で、ライトは自分の建築を「有機的」と呼び、そこに働く原理を分析的に説明している。

一　土地の感覚(地形、植物など)
二　シェルターの感覚(覆って護るもの、屋根)
三　材料の感覚(材料の性質を生かして使う)
四　空間の感覚(住むための内の空間)
五　比例の感覚(生まれながらに持つ)
六　秩序の感覚(訓練により比例の感覚に関わる)
七　手段と方法(技術、最も考えなくてよいもの)

以上、幾何学的抽象がいわば捨象したものである。

これらは「全体の感覚」に統合されるのであり、それが彼の見るいわゆる「近代建築」には欠けていると言う。この建築誌に載せられた建物で見てみよう。

土地の感覚――最後の平原住宅とライトが言うジョンソン邸「広げた翼」（一九三七年）は、広い敷地に天井の高い大きな居間（広間）を中心として四方に、両親室棟、子供室棟、客室棟、家事関係室棟を自由に伸ばしたもので、鴨猟をする川を望む側に会食をするテラスを設け、両親室棟の二階の先端とバルコニーをミシガン湖に向かって乗り出させ、水泳プールとバラの庭を子供室棟、客室棟、家事関係室棟の間に置いている。

ル・コルビュジエ作のサヴォア邸が四角に閉じ、二階の居間が屋上テラスに開くが、生活が周囲の自然環境と関わりなく、広い芝地にピロティの上で孤立しているのとは、対照的である。

材料の感覚――「落水荘」で床とバルコニーと屋根を張り出すことができたのは、引張力に強い鉄の性質を利用した鉄筋コンクリートの持ち出し構造によるが、その構造はすでに帝国ホテル（一九二三年）で試みている、とライトは言う。後のグッゲンハイム美術館（一九五六年）では、持ち出しとシェル構造により、一体とした外壁と床スラブと手すり壁を螺旋《らせん》状に巻き上げ、ガラスの丸屋根から中央の吹き抜け部分に光を入れ、「静かな安定した雰囲気の空間」を得た、と記している。

ル・コルビュジエは構造を越えたところに建築を見て、形の数的比例による調和に美を求めたが、ライトは構造に数学のロマンを求め、重力と釣り合って敷地に安定する姿に美しさを見た。

都市計画案

産業の集中による都市の過密化と生活環境の悪化を緩和する提案としてイベニザー・ハワード『明日の田園都市』（一八九八年）が実験として建設され、結果は、第二次大戦後のイギリスのニュータウン政策に役立てられた。

しかし、ル・コルビュジエの『輝く都市』（一九三〇年）も、またライトの「ブロードエーカー・シティ」（一九三二年）も、提案者の実現に向けられた熱意の強さにも関わらず、実現されそうもないものであった。とはいえ、文明批判として意味があると思われるので、触れることにする。

「輝く都市」

一九二〇年代初め、ル・コルビュジエは、詩人ポール・デルメなどと編集刊行した『レスプリ・ヌーヴォー』誌に、建築や都市についての論述を連載していたが、一九二五年装飾芸術展に「レスプリ・ヌーヴォー館」として金属枠にガラス張りの高層住宅の一室を組み立て、隣接する展示室に、提案する「三百万人の現代都市」の大透視図を展示した。彼の都市論によれば、現在の都市は、人が歩き、馬車が走った中世に始まりを持ち、無計画に成長してきたので、自動車が現れた今日、街路が狭く、曲がりくねって交通が渋滞し、街区は建て混んで光が届かず風通し悪く非衛生的である。今日は機械の時代であり、機械は幾何学から生まれたのだから、都市も幾何学的に秩序立てて能率よくしなければならない。街区を十倍以上の高さのいくつかの直方体に集めて間を広くあけて建て、できた空地を緑地とし、そこに自動車道路を高架式にして直線的に縦横に通す。このようにして、失われた日光、空気、緑を取り戻す。

ル・コルビュジエは、一日を仕事、休養、余暇の八時間ずつに分け、余暇の時間を心身の鍛練に当てると言って、配置図には、集合住宅が囲む緑地に、水泳プール、テニスコート、サッカー場を設けている。

しかしポストモダンの建築史家ケネス・フランプトンが「モダニズムの建築家たちの都市計画には街の賑わいや人と人との触れ合いの場がない」ことを指摘しているが、ル・コルビュジエは、それら都市機能を越えて並び立つガラスの直方体に精神が創造する純粋なものの美を求めたのであろう。

「ブロードエーカー・シティ（広域都市）」

一九三〇年プリンストン大学での建築講義の最終回で、ライトは、かつて幾つか都市が起こり、文明が栄え滅びたように、アメリカの都市は滅びるが文明は残るであろう、と言った。また、企業が地価の高い都市から郊外に逃げ出し、高速道路に給油所や商業施設が現れたのは都市の分散化の兆しであり、交通や通信の発達を利用すれば都市機能の分散ができよう。との考えを『消えゆく都市』（一九三二年）に書いているとき、ライトは分散都市「ブロードエーカー・シティ」の構想を得たという。その分散都市は、一家族に一エーカー（〇・四ヘクタール）の土地を割り当て、自給自足のための農場と組み合わせ、都市の文化的、社会的施設を分散して配置するものであった。彼はその模型を一九三四年ニューヨークのロックフェラー・センターで展示し、その後、アメリカ各地に持って廻った。翌年、ニューヨーク近代美術館がル・コルビュジエを招いて、三ヵ月も「輝く都市」の展示と講演を各地で催したのは、ライトの提案の近代的な意味を理解しなかったからであろう。

『消えゆく都市』が批評で叩かれて、ライトは書き直し、「ブロードエーカー・シティ」の図面と模型の写真を載せて、『デモクラシーが建てるとき』と題名を変えて一九四五年に出版した。そこでは、土地の私有制の生む資本の支配のもとで、近代都市が機械産業の無制約な生産活動によって高層化、過密化し、そこに住み働く人間を巨大機構の部品と化して自由と自然を奪うと述べ、個人としての人間の生活に自然と自由を取り戻す「ブロードエーカー・シティ」について説明している。今日、ライトの提案をロマンチックな空想として斥《しりぞ》ける人が少なくなったように、都市の現実も、ダラスやフェニックスの郊外の航空写真が示すように「ブロードエーカー・シティ」の模型に似て来た、という意見も現れるようになった。

ル・コルビュジエが「光の下の形の女王、地中海に結ばれた普遍人」を自認して、自然や生活を排した幾何学的抽象形に数的比例の美を見る古代ギリシア以来の伝統を継いだとすれば、ライトはユニテリア教の生命観とアメリカの個人の自由を尊ぶデモクラシーに基づいて、土地と生活に根ざして重力に釣合う構造に美を見る有機的建築を開拓したと言えようか。

北欧の感性

——自然と人間からの発想

北欧の建築は、中欧や中欧からアメリカに渡った建築とは違った、人間的なものを持つ。そのことについて、フランク・ロイド・ライトやル・コルビュジエに並び優れて創造的なフィンランドのアルヴァル・アールト（一八九八―一九七六）を中心として語りたい。

建築家・吉田鉄郎さん（一八九四―一九五六）は、その優れた追想記『スウェーデンの建築家』で「スウェーデンの建築にはどことなく深い情趣があってそのため強く引かれる」と書いて、スウェーデンの建築の魅力を、ラグナル・エストベリ（一八六六―一九四五）設計のストックホルム市庁舎（一九一二―一九二三年）によって語っている。

以下にその概要を記そう。

ストックホルム市庁舎の敷地はメーラレン湖とそれに注ぐ太い流れの角地にあり、そこを訪れる人たちはまずその敷地の美しさに感心する。北欧における水の都の建物に相応《ふさわ》しい敷地である。

「今日、敷地が建物に与える影響は、ほとんど忘れられたような感があるが、その関係は深く、敷地が決まれば、建物の平面はもちろん、外観もほとんど決まったようなものである」と吉田さんは言う。ストックホルム市庁舎は、敷地が水辺に選ばれたことから外観が水に縁故の深いものとなり、周囲に塔を持つ建物が多いことから塔が建てられた。

その敷地は、南がメーラレン湖、北がハントヴェルク街に挟まれ、東と南が水に接した短形の土地であり、建物は東西に長い外郭建築で、内側に「青色の広間」と称する戸外的な性格の室と中庭を設けている。その平面計画で第一に注目すべき点は、建物の南を湖岸に接して建てず、後退させて湖との間に庭園を設けたことであり、この庭園のために建物がどれほど生かされ、自然環境とのつながりをよくしたことか、測り知れない。第二に注目すべき点は、ハントヴェルク街にことさら前庭を設けず、そこから入る中庭を前庭としたことである。中庭に入れば正面の建物の下を端から端までアーケードとして、そこを通して見える庭園と湖はいかにも美しく、優れた建築に囲われて、落ちついた前庭になっている。「今日、中庭は、通風と採光のためにのみ取り扱われ、その建築的意義が忘れられている傾向がないであろうか」と吉田さんは言う。

そして内部で、吉田さんは、興味を引くものとして「青色の広間」の採光をあげる。この天井の高い大きな室は高い側光のみによって採光され、赤い粗面の煉瓦の壁が静かにいわば詩的に照らされている。

「近時、光線の量がしきりに問題にされ、その質がほとんど省られないが、光線の室に与える効果はその質、換言すれば窓の位置によってまるで違う。しかも室の効果は光線の質によってほとんど決まる。たとえばバジリカのように、高い側光のみによって照らされる室は落ち着いてまことに美しい」と吉田さんは言う。

以上、ストックホルム市庁舎の建築の注目すべきこととして述べられた三点は、吉田さんの言う「スウェーデンの建築の情趣」の要因であるが、吉田さんの仕事の経験と欧米の建築雑誌からの知識に基づく建築観による解釈であり、それぞれに加えられた「今日の傾向」への言葉は、一九三〇年代から五〇年代の合理的、機能的、国際様式の建築への批判であろう。

ストックホルム市庁舎の建築を名作とする一般の評価は、それと違って、ヴェネツィア・ゴチックの外観、ルネサンスの列柱廊を廻し、バロックの動きの構成要素の階段を設けた「青色の広間」、モザイク・タイルの「黄金の間」、ヴァイキングの木造架構による「議場」の美しさと建築細部と家具調度の手仕事職人の質の高さへの讃美であった。吉田さんは、それらの芸術としての高さには感嘆し、異国風や過去の様式を容認するゲーテの言葉を引用しながらも、そのようなロマン主義を受け入れない吉田さん自身の建築観によって、「この種の建築は、ひとつの記念碑として尊重しなければならないが、再び現代に実現してはならない」と結んでいる。

ストックホルム市庁舎は単なる役所ではなく、ノーベル賞の授賞式やエスペラント語大会など市民社会の国際的な催しに使われ、また吉田さんがストックホルム滞在の最後の日の別れと思って「青色の広間」に入ると、オルガンを演奏していたと記しているように、この部屋に市民が自由に入ることができ、中庭や湖に面する庭園で野外演奏会や集会などが催され、日常の散歩の休み場としてなど、市民に親しい社会生活の場である。

グンナル・アスプルンド（一八八五―一九四〇）の建築

スカンディア・キネマ（一九二一―二三年）

これは建物ではなく建物の中の改装であるが、吉田さんは次のように述べている。

遊歩廊の繊細な取り扱いに感服したが、最も印象深かったのは観客席である。まず舞台を見れば、両側に黒い幕が垂れていて金色の紐で引き上げるようにされ、真ん中が少し開けてあって奥に青緑色の縁と上から黄色い光で照らした銀幕が覗いて見える。桟敷席を見れば、手すりも座席も壁まで赤いビロード張りで、上を見上げれば真っ暗で無数の電球が星のように下げられ、三日月に女神ルナがいる。イーヴァル・テングボム（一八七八―一九六八）の音楽堂も天井を空に見立てているが、散文的な昼の空であり、こちらは夜の空である。アスプルンドの繊細な感覚と豊かな詩情に接して、吉田さんは「いいなあ、と思わず心の中で叫んだ」と、書いている。友人のハコン・アールベリによれば、アスプルンドがイタリアに旅して、山の小さな町に着いたとき、星空の下の広場で映画を上映しているのを見た想い出であろうという。吉田さんの建築観はこれをロマン主義として斥けることなく、詩情として受け入れたのである。

アルヴァル・アールトがアスプルンドと初めて会ったのが、この「スカンディア・キネマ」の竣工前の現場であったが、アスプルンドと話しながら、この建物は通常の規準では測れないと思ったと記し、「アスプルンドの建築は、人間のすべて――感情や心理のあやまで――を含めた自然から出発している」と書いている。

アスプルンドがどのように「人間と自然とから出発している」か、「森の葬儀場」と「休日の家」に見てみよう。

「森の葬儀場」（一九一五―一九四〇年）

古典様式では、平面や立面図の中央に軸線を引いて、その左右に建物を対称形に配置し、全体を調和よく構成するが、「森の葬儀場」は、配置図を見れば、中央に道を通し、その左に道に沿って大小の礼拝堂と墓地の囲いを配置して、右の、道から離れた小高い丘と対応させ、人工の施設と自然の空間を釣り合わせている。

実地に見ればどうか。門から高い土堤を切り通した道に入り、通り抜けると視野が開けて、前面に緩やかに登る広い芝地と小高い丘の木立が現れ、左方に、低い堅固な塀とその上に豊かに繁る並木に沿って石敷きの道が真っ直ぐに登るのが見え、塀と並木が切れたところに十字架が立ち、その先にある礼拝堂は奥に隠れ、登り切ったところに列柱廊の端が望まれる。右側は森が縁取っている。

初めてそこを訪れた日は、青い空に白い雲が明るく浮かび、まわりの樹々の緑が逆光に美しく映えて、もし吉田さんなら「いいなあ」と心の中で叫ぶのではないかと思われる眺めであった。次に行ったのは、雪の消え残る寒い日ではあったが、冬枯れの木立の丘に緩やかに登る芝地の広がりが暖かく迎え、冬枯れの並木と列柱廊も親しく招くかに見えた。新緑や黄葉の季節のこの景観の魅力は格別であろう。

ここはかつて石切場で、石を切り出した穴と土を掘り上げた山があったが、穴は蒲など水辺の植物を入れて自然の池とし、山は頂きに緑陰樹やバラなどを植え、腰かけを設けて「瞑想の木立」と名づけた。そこから見渡すと、大礼拝堂は列柱廊に隠され、小礼拝堂は中庭の壁に連続されて、中庭の樹々に和らげられ、建築の姿は目立たなくされている。

列柱廊の先は下り、道が真っ直ぐ伸びて広大な森の墓地である。下枝を払った木蔭に、墓標は低く目立たず、木洩《こも》れ日が静かで親しみがあり、明るい。

礼拝堂の内部は、新古典様式やゴチック様式のような構造的表現ではなく、死を旅立ちと見る生死観によって、堂の奥の壁から天井まで旅立つ人を送る情景を描き、葬儀の席を一、二本の柱で区画して、死者に別れを告げるに相応しい親しみのある雰囲気の空間としている。そして、平面図を見れば、葬儀の参列者を待合室から堂内に入れ、式を終えて出るとき中庭を通るようにして、次の参列者と混乱することを避け、また土地の高低差を利用して礼拝堂の下に火葬施設を設け、リフトで棺を下げ、骨壺を上げて、参列者に火葬の現場を見せない配慮をしている。

「森の葬儀場」の設計競技は一九一五年に行われ、「自然を生かして葬儀場と墓地を配置すること」が求められた。建設にかかるまで案を練り直す時間が十分にあり、一九三〇年のストックホルム博覧会の準備のためにアスプルンドは、中欧での機能主義の建築を視察に行き、そこで、様式や構造的表現によって建てず、人の動きによって配置し、平面計画することを知ったのであろうか。

そのような建築観とアスプルンドの豊かな詩情によって、「森の葬儀場」はまさにスウェーデンの人びとの森への想いを実現するものとなった。

「休日の家」(一九三七年)

麦畑の中を来た道が雑木林に入る手前の左側に敷地への入口があり、入って雑木林沿いに緩く登る道を行くと、向こうにこの家が現れ、白い壁が低い日差しを受けて周囲の緑の中に映えていた。白い壁面は当時の近代建築の特色ではあったが、勾配屋根を乗せて、土地の傾斜に添った姿は、自然であった。

近づいて見れば、家は北の林に覆われた低い丘から突き出た大きな岩に繋がれ、風をよけた日溜《ひだ》まりの芝庭を囲うように建てられ、庭には緑陰樹として残された松が頭を切られて下枝を張り、椅子と卓子が置かれていた。

そして家の庭に面する壁を後退させて屋根の下に簀の子張りの広縁を作り、出入口を設けて、庭から登る道には自然石を飛び石とし、また家の低く突き出た部分の廻りにさまざまな草花やバラなど寄せ植えしていた。アスプルンドは一九三〇年ストックホルム博覧会で茶室を見て日本の木造や造園に関心を持ったという。

この家の最初の案は三戸の丸太小屋であった。その丸太を積んだ壁が、この家では細幅の厚板の目透かし下見張りとなり、白く塗られた。その白い壁は、工業材料によるものと違って、目地の影によって存在感を得ている。

丸太小屋で設計を始め、茶室や庭に惹かれたのは、民族的ロマン主義や東洋趣味からでなく、先人が木や石など自然材料をどのように使ったか知りたかったのであろう。

室内はどうか。居間では、農家風な暖炉が大きな口をあけ、太い棟木が通り、勾配天井が架かっているが、海の見える窓の前にアスプルンド設計の優雅に背の両肩を上げた二人掛けの椅子が置かれ、大きな二重ガラス戸を上げると、意外に軽く上がって網戸が降りる仕掛けがしてあり、そして勾配天井が低く降りた側の壁の端から端まで甲板を張って、製図板を並べたり読み書きする仕事机とし、下に引出しや書類戸棚を比例よく造り付け、そのわきに寝転《ねころ》がる広い腰掛け台（泊まる客があれば寝台となる）があって、全体にカール・ラションの絵のような自由な生活の雰囲気がある。

同じころ、コダーイやバルトークがチェコやハンガリーで集めた農民の歌を養分にして近代音楽を創り出していたことを思い出させる。

スウェーデンの住宅地区

スウェーデンの建築家の住居への関心は機能主義の導入とともに高まり、一九三〇年のストックホルム博覧会の主題は、集合住宅、交通、家具であった。

そして一九五〇年、アメリカの建築写真家キダー・スミス（一九一三—一九九七）が報告的な著述『スウェーデンは建てる』で、当時の住宅地区を次のように記している。

「スウェーデンを特色づける美しい住宅地区は、土地が市の所有であることの結果である。自由に設計され、配置された集合住宅と緑豊かな土地が、都市に住む家族に無比の住環境を与え、スウェーデンの都市を近代人の創り出した最も美しい都市としている。

産業革命と無制約的な投機が世界の都市景観を悪化させたが、スウェーデンの都市は免かれて、実質的に貧民街がなく、川や湖も汚染されず、公園は素晴らしく、住宅地区は手入れよく病虫害のない豊かな緑の中にある」と。

しかし一九七〇年代のスウェーデンの建築雑誌は、近くに水辺や遊び場、花壇があっても高層住宅からは幼児や若い母親は降りて来ず、子供の身心の発育が遅れ、若い女性が心を病むなどの問題を取り上げ、自然と人間との触れ合いを得やすいテラスハウスなど低層高密度のさまざまな住居集合の試みを載せ、またデンマークでも六〇年代で高層住居を止め、以後、低層の中庭住居の集合などいろいろ探るようになったことが、雑誌の特集などで知られる。

アールトの建築観

一九五八年、六十歳になったアールトは、フィンランドの建築雑誌『アルッキテヘティ』に「ギーディオンとの対話」を寄稿した。ジークフリート・ギーディオン（一八八八―一九六八）は、ル・コルビュジエらに呼びかけて近代建築国際会議（ＣＩＡＭ）を何回か催した美術評論家であり、アールトは、「作り話だが、言っていることは真実」と断っている。その「対話」でアールトが「今日の建築を占えば凶と出るだろう。四角いガラス張り金属枠に平行足類――大都市の非人間的な、洒落た純粋主義《ピューリスム》――が流行しているが、その先は行き止まりだ」と言えば、ギーディオンは「生きた人間的な建築はある」と反論し、アールトは「確かにあることはあるが、いま言った建築は素朴な国に人気があり、さらに悪いことに、その反動として無批判にさまざまな形の変化を追っているが、それらは、人間に具《そなわ》った生物的に美しい多様性に応じたものではなく、見本市のようであり、また曲面や吊り構造をもて遊んでいるが使いこなせず、そこにハリウッド色に染まった心性があり、すべてに人間が忘れられている。本当の建築とは、この小さな人間が悲劇や喜劇ともども中心にいる所にある」と言う。

当時は、ＣＩＡＭに批判的な若い建築家の集団「チーム・テン」が自由な建築造型を始めていたころで、スウェーデンでは同じ形の集合住宅が平行に並ぶ画一的で単調な景観を嫌って、Ｙ字型や十字型プランの塔状の建物や高層、中層、低層の建物を組合わせるなど変化が工夫され、またエーロ・サーリネン（一九一〇―一九六一）がシェルや吊り構造などを試み、ヨルン・ウッツォン（一九一八―二〇〇八）の帆船に似た形のオペラ劇場の当選案が評判となって、ギーディオンがそれらの「空間的想像力」を讃えて書いていた。しかしアールトは、それらの人目を引く造型が人間の生活の必要から発想されたものではないことを批判したのであるが、フィンランドの若い建築家たちに自分の意見を語ったものであろう。

この「対話」より二十年ほど前の一九四〇年、アールトは、「建築を人間に近づける」と題した文で、「これまで近代建築は、建設活動の経済的な面に重点をおいて主に技術的な観点から機能主義的であったが、建築は人間生活の全領域にわたるものであるから本当は人間的な観点から機能主義的でなければならない」と言って、どうしてきたか、十年ほど前に建てたパイミオ結核療養所（一九二八―一九三三年）と、ヴィープリ市立図書館（一九二七―一九三五年）について具体的に以下のように述べている。

パイミオ結核療養所では、病室は、病人が横になるので、視線の行く天井に暗色を選び、目に入る光源を隠して間接照明とし、換気のための通風が病人に当たらないよう二重窓の開方を工夫し、手洗器の蛇口の水が騒音を立てないよう底を斜めにした、と言う。また、鉄パイプの椅子は軽快で量産されて経済的であるが、金属の冷たさは熱のある病人の手には不快であり、脚が床と立てる音が耳障りで、クローム渡金の反射が目に強すぎるので、長い療養生活に適した、手触りのよい樺の積層材と合板によって構造力学に適って比例美しく量産できる曲げ木の椅子と卓子を開発した。

そして、ヴィープリ市立図書館では、「図書館の中心的な問題は目の問題」として、採光の仕方について述べる。一般に上から光を採るが、天井全面をガラスにするのは光が入り過ぎるので、小さな円錐形の天窓を数多く設けた。この方式は、コンクリートの円錐形の筒の上にガラスを載せるだけなので「技術的に合理的」であり、筒が深いので直射日光を遮って、天空光をさまざまな方向に反射して、読書に適した柔かい拡散光が得られて「人間的にも合理的」であると言う。こうして、光の満ちた静かな美しい空間が得られた。

アールトは、「上に述べたことは小さな問題ではあるが、人間に身近なものである故に、遠大な問題より重要である」と結んでいる。

この「上からの光に満ちた内の空間」は、この後アールトの特徴的な建築主題となって、事務所ビルや学校、教会堂などさまざまな建築に現れ、天窓や高窓が構造と組み合わされて工夫され、太陽が低く雪雲に覆われる冬の長い北欧に適切な、人間的な美しい空間となった。

ヴォクセンニスカの教会堂（一九五七—一九五九年）

戦後ル・コルビュジエのロンシャンの礼拝堂（一九五五年）が反り屋根の影あざやかな美しい造型によって世界の建築家を驚かせたが、アールトのヴォクセンニスカの教会堂は、三本の十字架のほか天井も壁もない、拡散光の漲《みなぎ》る美しく静かな空間によってアールト愛好者を魅了した。ロンシャンの反り屋根は、三千の巡礼者の野外ミサの祭壇を守る天蓋であるが、ヴォクセンニスカは礼拝のほか地域のさまざまな社会活動の場であって、大小の集まりのため三室に仕切ることができる。断面図で見ると、天井は、祭壇のある部分で高く、次々と低くなり、三つの部分で上に膨らんで牧師の声が反響して伝わる形となり、平面図も三つ外に膨らんでいる。この膨らむ自由な形は、前の年に完成した文化の家（一九五五—一九五八年）に始まり、アールトの特徴的な建築手法となって図書館や音楽堂などさまざまな建物に好んで使われた。ル・コルビュジエは建築の形を美しく調和あるものとするため比例尺度によって規整したが、アールトは、このような自由な形を美しいものとするために、若いころから、山や木など、内に働く力が外の形をつくる自然物を写生することにより、見る目と描く腕を鍛えていたと言う。

ヘルシンキ中心施設

アールトの所で働いたことのある武藤章さんが、好著『アルヴァ・アアルト』に、一九六一年三月二十三日、アールトが市議会で「ヘルシンキ中心施設」計画案を発表するのを傍聴し、「この日、一建築家の創造的な仕事が、若いフィンランドの文化的偉業として国民の連帯感に支持されて出発しようとしていることに感動した」と記している。

アールトのこの「ヘルシンキ中心施設」案は、ヘルシンキ駅の北にあるテューリョ湾と呼ぶ湖とそれに沿ったヘスペリア自然公園との間に計画された。それについて、アールトは一九六五年の『アルッキテヘティ』誌三月号に、大略すれば次のように説明している。

——中心施設に入る主要な道路は、テューリョ湾の東岸を通る鉄道の上に高架道として設ける。市の東と西の地区全景を同時に望めるようにすることは重要と考えるからである。

——テューリョ湾の南に設けた半開き扇形の三段の歩行者テラスの広場の下は、縁辺を商店や飲食店とし、奥を駐車場として、地方の駐車場に隣接する商業施設を首都の中心施設に実現して、車交通から解放された人びとの交流の場を創る。

——公共建築、すなわち音楽堂や歌劇場、博物館や図書館、展示場や集会場などを都市の顔として、新しいヘルシンキ市の象徴として、テューリョ湾の西岸、ヘスペリア自然公園の縁に、水面に乗り出してピロティの上に建てる。対岸の鉄道や自動車道路からは、それらが水面に映る影と背景の樹々とともに一体に見え、また、公園からそれらを訪れる人びとには、建物の間からも下からも水面が見えるようにする。

ここでアールトが言う「都市の顔」には、近代都市を成長させた産業は入らない。テューリョ湾もヘスペリア自然公園も窪地《くぼち》にあるので、周囲の街区に産業が建てた高い建物の姿は隠れて見えない。

アールトより一世代前の建築家・都市計画家のエリエル・サーリネン（一八七三―一九五〇）がテューリョ湾を埋め立て美しい都市景観の街区を計画したのに対し、アールトの提案は水面と森の自然景観を生かして取り入れたものであったが、環境保護団体などの反対に遭って、廃案とされた。

十年ほど後、音楽堂と国際会議場だけが、テューリョ湾の岸ではなくヘスペリア自然公園の端に建てられ、アールトは一九七四年の『アルッキテヘティ』誌に次のように述べている。

ヘルシンキにセナティン・トリという古い中心施設があり、当時は首都に相応しいアクロポリスであったが、百五十年を経て、社会情況がすっかり変わり、新しい中心施設が必要となった。この音楽堂は、併設される国際会議場とともに、その中心施設における最初の市民の建築である、と。

アールトとの対話を書いた歴史家のヨーラン・シルツによれば、晩年のアールトは、フランス革命が成立させた市民社会より優れた社会、すなわち階級のない社会である二十世紀のフィンランドが、人間を回復する新ルネサンスの建築と都市を実現し、世界に示すことを期待していたと言う。アールトのこの「ヘルシンキ中心施設」の計画は、一国の産業経済の拡大より一個人の生活文化の充実を願う北欧の福祉社会、森と湖の国フィンランドの建築家が描いた都市像として歴史に残るであろう。

II　日本の感性

遠藤新の建築と言葉

今なぜ遠藤新か

この十年ほど、新聞の地方版などに、遠藤新《えんどうあらた》の設計した建物についての記事がよく見られ、そこに、建物の良さや美しさだけでなく個性的な設計者についても語られている。趣向は凝らしても皮相的で雑駁な今日の建築の中にあって、遠藤新の静かで統一された建物は人々を惹きつけ、それらを創った人の考え方や生き方にまで興味を抱かせるのであろう。

それらの中に、真岡の久保講堂や辻堂の近藤別邸のように、使った人たちや住んだ人たちが取り壊しに反対して移築保存されたものもあれば、甲子園ホテルのように、建物を愛惜する人が買い取って学園に転用したものもある。古い建物を壊して新しく建てれば経済効果はあろうが、建物によって育てられた文化や歴史は消えてゆく。戦時の空襲よりも戦後の経済成長の方が多くの建物や町を破壊して来た。今日、昔の建物が見直され、保存が言われるようになったのは、ようやく建築の文化的、人間的な価値に気付かれ始めたからであろうか。

遠藤新が逝ってすでに四十年近くたつ。彼の主な活動の時期は戦前と戦中、戦後の三十年余りである。重要な建物はすでに幾つか失われてはいるが、南沢の自由学園やそこここに残された住宅を見るだけでも、わが国の近代化の過程でこれほど質が高く独自の様式に達した建築は数少ないことがはっきり分かる。

遠藤新の建築の特色は、生活に即して形を作り、環境をも含めて設計したところにあり、その意味では、ライトに建築の作り方の原理を学んだのであり、いわゆる「ライト式」のように部分的、表面的に型をまねたものとは違う。今日、建築界の一般的風潮として面白い外観や新奇な型がもてはやされているので、「用を形に転ずる」遠藤新の建築を振り返って見ることは意味あることと思われる。遠藤新がどのように建築を考え、どのように建てたか、彼の言葉をたよりに見てみよう。

生活に徹底した建築

遠藤新は建築学科を卒業した翌年、一九一五年一月の新聞に、「東京停車場と感想」と題して、前年に完成した辰野金吾設計の東京駅にたいする批評を投稿した。

要約すると、まず位置について、都市の停車場という動的中心を「大商店の並ぶ」繁華街（銀座）という他の動的中心に連絡させなかっただけでなく、それを「昔ながらの櫓や松やを見る」皇居前の静的中心となるべき所に突入させて、いわば「玄関突き当たりに奥座敷がある」ような味気ない、忙しいものにしたと、都市計画上の配慮のなさを指摘する。

次にプランでは、出入口を皇室用は中央に、公衆用は左右に離して設けたために、三つの部分が脈絡もなく自分の立場を主張して、細長い建物が「全体としての統合」を失った。また外観では、左右の公衆用ホールの上のドームは高く誇張し、中央の皇室用の部分は繊弱にしたために全体の調和が破られた、それらの「病根はそのプランに由来する」と論ずる。

そして最後に、建築は「老大家の技量」をもってしてもまだわが国の建築家の手に負えないが、それは、建築家の責でもなければ国民の罪でもない。その原因は「国民全体と建築との距離」にあり、また「泰西思潮の影響に因する国民生活内容の貧寒と生活形式の動揺」にある。建築家はもはや、在来の様式という言葉で論じられるような「一面的な建築対境」や、科学的方面と美的方面というような「無意義な分析的《アナリチック》な論議」を脱して、「生活に徹底した緊密不二の建築の醍醐味を了しなければならぬ」と言う。

さらに「すべての他の芸術を自由に駆使して摩訶金光界を築くところに総合芸術としての建築の価値が決定せらるる」と結んでいる。

ここで、様式という言葉で論じられる建築対境とは、この五年前に建築学会で催された討論会、「我国将来の建築様式を如何《いか》にすべきや」で知られるような建築観を言うのであろう。また、科学的方面と美的方面を分けた論議とは、その翌年に佐野利器が「建築家の覚悟」において、「世の進歩につれて実利を主とする建造物が大勢をなし、同時に間断なく進歩する科学の刺激を受けること甚《はなは》だ痛切となって来た。ここにおいてか、建築家は皆々美術家でございとは参らなくなった。……日本の建築家は主として須《すべから》く科学を基本とせる技術家であるべきことは明瞭である」と主張した議論を指すものであろう。

それに対して遠藤新は、建築を実利や科学や芸術の面に分けて論ずることをせず、「生活に徹底した建築」を芸術とすることを求めた。東京駅の建築を批判することによって、このような考えを述べたかったのかも知れない。

このように実利と科学を重視する当時の建築界の風潮の中にいたからこそ、「生活に徹底した建築」を求めたのであろう。それは、後に「建築論」などで「用を形に転ずる」という表現になるが、おそらく、ライトの「形と機能は一つである」を言い変えたものであろう。また、中央の皇室用の部分を繊弱にしたために全体の調和が破られたというのは、全体の比例（プロポーション）の悪さというよりも、中央と左右両翼の尺度（スケール）の違いによる不調和を指摘したものであろう。比例と尺度の問題も後に「建築美術」などで「ミケランジェロは比例を得たが尺度を失った」というライトの言葉を引用して論じられる、遠藤新の重要な主題となる。

他にも幾つか、遠藤新が生涯にわたって展開する建築思考の萌芽がこの東京駅の批評の中に見られ、しかも、それぞれにライトの建築原理に通ずるものがある。遠藤新は考え方においてすでにライトの思考を受け入れる用意ができていて、後は建築の作り方を習いさえすれば良かったのである。

この年、遠藤新は、明治神宮宝物殿の設計競技で三等二席に入ったが、「宮殿というより蔵をつくるつもり」であったと日記に書いている。これも「用を形に転ずる」発想であるが、東京駅の場合と同様、ここにも権威の象徴や建築の記念性を認めない自由な思考が見られる。ライトがユニティー会堂において塔の象徴を排して集会場として構想したことと通ずる。

遠藤新は学生のときキリスト教に入信したというが、このような自由な思考と東京駅の批評に見られた「泰西思潮の影響による国民生活内容の貧寒と生活形式の動揺」のゆえに真の文化を生み出すに至っていないといった見識は、当時キリスト教会に集まる若い知識人たちや吉野作造の民本主義に共鳴する学生たちに共通にあったものであろうか。

辰野金吾がこの案を「なぜ一等にしなかったか」と言ったということを聞いて、遠藤新は、父に聞かせたかったと記し、「老人に賞めらるることはよきものか、果してよきものか、嬉しきようにして、淋しさ湧く」とも書き添えている。

正義を貫く

長女のうららさんの作文には、遠藤新は「学生時代、建築に関する本でライトを知り、卒業したらアメリカに行く決心をしていた」とある。卒業後二、三年して、帝国ホテルの設計のために日本に来たライトの事務所に入る機会を得て、その後ライトが最後に日本を去る一九二二年まで、信頼された助手として働くことになる。

帝国ホテルの建築が大半でき上がった一九二二年、遠藤新は、ライトの"The New Imperial Hotel, The Architect's Message"「新しい帝国ホテル、設計者のことば」と題する文を訳して『科学知識』に載せ、前書きで次のように述べている。


ミケランゼロが幕をおろして世界の建築は暗《やみ》に入った。そしてその暗は二十世紀まで続く。

二十世紀になって暗を破ろうとする声が現われた。

然し其等は自身に於て光りでなかった。

アール　ヌーボーは面縛《めんばく》したまゝあせって溝に墜ちた。

セセッション（分離派の意）は、自分でミイラになるだけのことである。

ライト氏は実にその光りである。

世の中には淋しい程正義が少ない。

正義を志す事すら容易でない。

まして正義を貫くことはまさに天才の仕事である。

書き出しの「ミケランゼロが幕をおろして」からの数行は、ライトが、ヴィクトル・ユーゴーの小説『パリのノートル・ダーム』の「ヨーロッパはルネサンスを夜明けと間違えたが日没であった」という言葉を引いて、ルネサンス以来、建築は単なる美術の分派に堕した、と言ったのを下敷きとしたものである。ライトは、帝国ホテルの仕事を受ける前に、ドイツのヴァスムート社から作品集を出すために一九〇九年にヨーロッパに渡り一年ほどいた。晩年『テスタメント』に、アール・ヌーヴォーのヴァン・ド・ヴェルドやゼツェッションの芸術家など、「反抗者」は見ても「建築家」は見なかったと記している。おそらく遠藤新はライトからそのことを聞いていたであろう。しかしここで、アール・ヌーヴォーは面の着け替えで、ゼツェッションは生命の失せた形と書いたのは、国内の事情にもよると思われる。

遠藤新の学生時代から帝国ホテルの完成まで十年ほどは、鉄筋コンクリート造や鉄骨造の発達があって建築の工学的側面が強調されたが、また一方で、一九一二年の『建築世界』に武田五一が、一九〇〇年のパリ博のアール・ヌーヴォー館は「建築様式の近代の新機運を促した」と書き、一九二〇年には遠藤新より若い世代による「分離派建築会」の宣言があってオランダの表現派風な計画が発表されるといった新しい様式や表現を求める動きもあった時代である。もちろん、それらに対して「アール・ヌーヴォーが現時の如くかく喋々さるるように至ったのを我国の建築界のため深く慨嘆するものである」といった非難や、分離派の展覧会を芸術家の道楽と決めつけた野田俊彦や岡田信一郎の批判も当時はあった。

しかし遠藤新が言いたかったのは、日本のアール・ヌーヴォーも分離派も、彼らが「分離した過去建築圏」のルネサンス様式と同様に、外国からの借り物であるばかりか、「生活に徹底した建築」ではないということであろう。本文でライトは、帝国ホテルの建築は「日本の建築家たちが外国に行ってまねて来る冷たい死んだ形よりも、もっと生き生きと暖かく生活に関係づけられたもの」であると書いている。ライトがヨーロッパからの輸入建築を斥《しりぞ》けてアメリカの建築を創り出したように、遠藤新も日本の生活と風土から建築を創り出そうと決意して、「正義を貫く」ことの難しさを感じたのであろう。

ライトが日本に連れて来たアントニン・レーモンドは、帝国ホテルの透視図などを書いていたというが、数年で独立し、やがてわが国にいわゆる国際様式の建物を実現させて、バウハウスやル・コルビュジエに学んだ建築家と共に、若い世代の建築家や学生に注目されるようになったが、遠藤新は自分の建築に専念してそれらに無関心であった。

しかし、装飾のないのが近代建築と考える人にはライトの装飾的な帝国ホテルは時代遅れとなり、アール・ヌーヴォーやゼツェッションから国際様式への移行を近代建築の主流と見る人には遠藤新はアウトサイダーということになろう。しかし遠藤新の家に住む人たちはいわゆる近代建築にない豊かさや親しみを感じて喜び、「正義」の建築はなお生きている。

建築啓蒙

帝国ホテルの完成を見ないで一九二二年にライトがアメリカに帰った後、遠藤新は独立して、任された南棟を仕上げた。翌年それが終ったとき関東大震災があり、遠藤新は、東洋軒など幾つか復興のバラック建築を手がけ、住宅を建てているが、地震を考えて軽く丈夫にしかも安くするために、ツーバイフォー工法を取り入れて規格型の細い角材や板材を組み合わせ、しばしば米松を使った。特に屋根は、軽く経済的にするために金属板で葺き、構造を工夫して屋根裏をなくし、片流れ屋根や陸屋根など段違いに架けて、高窓を設け、さまざまな室内の断面を作り出した。それらの工法は在来の木造にはなかったもので、ライトのタリアセンの建物や農場の納屋や家畜小屋から考えついたものかも知れない。もともとツーバイフォーは、アメリカの開拓者が専門の大工の技術を持たなくても建てられる工法であった。

このように難しい仕事や複雑な細工を求めず、高い材料を使わないというのが、震災後のバラック造りだけでなく一般に遠藤新の建築や家具の特色であり、それはまたライトの考えでもあった。細い角材と厚板で力学的に無駄なく組立てた椅子や卓子を今も学校や住宅で見ることがあるが、二枚並べた板をつなぐ込栓《こみせん》を赤く塗って「朱のネクタイだ、羽織の紐だ。椅子が笑う、部屋が微笑む」と遠藤新が書いた「卓と椅子に因む」が思い出される。

自ら「市井の建築家」を任じた遠藤新は、帝国ホテルを退いた後の二年間の仕事によって自分の考えを一般の人に知ってもらおうと、一九二五年に「世帯の会事務所」で模型や家具と共に写真と図面による建築展を催した。それを報じた新聞の記事は、「遠藤工学士は冷たい建築学に暖かい情味を吹き込んで人間生活を快適ならしめようと努力していることは周知の事実である」と好意的であったが、住宅会社「あめりか屋」の山本拙郎は数日後の同じ新聞で「一住宅建築家として、氏の建築と建築に対する態度に根本的の疑問を持たざるを得ない」と言って、それを次のように批判した。氏の建築は隅々まで氏自身の型によって見事に統一され、「氏のデザインにならないものは醜く、その調和を乱す」ので住む人は好きな家具を持ち込むことさえできないが、住宅とは「住む人によって次第に成長させられ、完成されてゆくもの」であり、氏の建築はその設計態度から見て「宿命的」で「自由を愛する人の心にとって、あまりに残酷ではあるまいか」と論じた。

それに対して遠藤新は、君の言葉を言い変えれば、「遠藤氏の手にかかればすべてよくなる。かくも物が美しくなるものかと驚かれる。そして今更に、持ち合せの家具の醜いことに気がつく」と言うことになるが、「私が自然と人間に立脚してつくった建築」によって住む人が「眼を開き得た」とすれば、その開かれた眼こそ「自由」であり、「向後の生活の光」であって、「君の言う住宅の発達とはかかる意味で考えるべきである」と言う。そして「何でも持ち込める建築、自然を浅く見、人生を軽く見て、何の原理も見識もなく、ただ小手先の器用と、思いつきと、御座なりと、場当りで造った建築、君のアメリカ屋の仕事こそ、自然とその中一団の生活に対して憎むべき冒瀆であり、残酷な宿命ではないのか」と反撃した。

この反論は「建築啓蒙」と題されているが、これによって遠藤新は、建築は生活の質を高めるための生活環境でなければならず、そのような建築を創ることができなければ真の建築家とは言えないと、一般の読者に訴えたかったのではないか。自分の考えや建物を建築の専門誌でなく『婦人之友』に載せたのも、生活する人に「建築啓蒙」したかったからであろう。

その遠藤新はどのような住宅を創り出したか。この建築展の前年『婦人之友』に「住宅小品十五種」の美しいスケッチを発表し、「建築宣言」とも言うべき前書きを付けている。前半を引用しよう。

まず地所を見る
地所が建築を教えて呉れる
いかに建築が許されるか

いかに生活が許されるか
そしていかに生活が展《の》びられるか
其をそこの自然から学ぶ。

そして、そのようにしてできた建築は、「部分が相済す美しさ、それがまた全体に参ずる美しさ、そして更に全体が部分に及ぶ美しさ、その美しさと真実」を具《そな》えたものでなければならないと言う。

ライトは自分の建築を「有機的建築」と呼んで、そこに働く原理を「土地（その地形と動植物）の感覚、覆い囲って（生活を）守る物の感覚、空間（広がり）の感覚、材料（に適した構造）の感覚」などと説明しているが、「住宅小品十五種」への前書きはライトのこの建築原理を遠藤新流に表現したものであり、そして「部分が全体に参じ、全体が部分に及ぶ」という表現もライトが使い、「有機的」という考えを解釈したものである。

ライトはヴァスムート社から作品集を出す一九一〇年までにシカゴ郊外で当時の社会と自然環境に応じた「平原住宅」と呼ぶ住宅の典型を創り出した。それは、「箱を小さく仕切り、壁に窓や出入口の穴をあけ、軒蛇腹や柱列や小塔で飾った」コロニー様式による在来の家とは違って、間仕切りを除いた居間や食堂を広々と庭まで開放し、深々と屋根をかぶせたものであった。遠藤新は、帝国ホテルの設計図を作るためにアメリカに渡り、一年半ほど滞在して、ライトの建てた家でライトと共に生活し、働いた。その間にそれらの平原住宅も幾つか見たであろうが、しかし何よりも生活と仕事を通じてライトの考え方や建築の作り方を学んだのである。

遠藤新が独立した当時の一般の住宅は、真中に廊下を通して両側に小さく仕切った部屋を並べ、時には角に洋風の応接間を付けるといったものが普通であった。遠藤新はこれに対し「廊下に生活なく、生活に廊下なし」と言って中廊下をなくし、ライトが平原住宅でしたように、間仕切りを減らして全体を自由に開放的なものとし、広々とした居間を設けて家族の団欒や客のもてなしの場とした。火を燃す暖炉はライトが復活したというが、遠藤新も大谷石積みやタイル張りの美しい暖炉を作っている。それらの家では、かつて建主がそこで学生たちと語り、あるいは一人で読書をし、燃える火が親しい雰囲気をかもし出していた、という話をよく聞く。同様に庭もまた、見る庭より生活する庭として池や藤棚を巧みに使っている。「住宅改良会」を作った「あめりか屋」の橋口信助はタタミを嫌って、ライトの言う「箱に穴をあけた」アメリカの家を普及させようとした。これに対し遠藤新は、タタミの部屋と椅子の部屋の壁を大壁として同様に天井まで塗り廻し、枠材や建具も揃えて、全体の仕上げを統一し、またタタミの床を三十センチほど上げて椅子にいる人とタタミに座る人の目の高さを同じにして、二室を同時に使う場合も考えている。

このように遠藤新は、日本の社会の近代化の過程で、外国の型を借りることなく独自の開放的な住宅の典型を創り出し、敷地に応じてさまざまに展開させたが、それはまた住まい方を提案するものでもあった。

自由学園

南沢の自由学園は、講堂、教室棟、体操館などを地形に従って統合した美しい教育環境として近代建築の傑作であるが、それをどのように構想したか。遠藤新は、現在の女子部の校舎が完成した一九三四年に『婦人之友』に書いている。

まず食堂を「自由学園本来の面目である生活本位を表示」するものとして中心に置いた。その両側に教室を二棟ずつ南面させて並べ、食堂から伸びる廻廊によってそれらと食堂を結んで、中庭を囲み、次に南に地形に合わせて一段低く体操館を設けてその広場を完結する。さらに体操館は必要な諸室とパーゴラとを両翼として広い運動場を抱え、運動場を囲む土堤の上の道路によって南の丘と連絡させる。そして最後に講堂が、この整然とした陣形に対して、西に一段高く建って、全体を引き締める位置と形を取る。

この全体において、食堂と体操館と講堂が生活の異なる三つの中心となって、それぞれ内容に応じた大きさと形の外容を得ている姿が、南の丘の林から出たとき一望のもとに見渡せる。体操館は、最前線の位置を占めながら全体の制約に服しているが、体操会の日には活動の中心となり、半円形の建物から放射状に生徒たちが現れ、運動場を囲む三方の土堤の芝生は観覧席となる。

ライトによる目白の自由学園の構想から遠藤新はここまで到達したが、それはまた、「学園が今日になるまで羽仁先生が心深く用意されて来たところのもの」で、「建築はその用意の一つとして、その発達のためのよい環境となることを望んだだけである」と記しているように、自由学園の教育理念への共感があって実現されたものである。

戦後も、男子部の増築など自由学園の仕事を続け、また文部省の新制中学の設計案を見るに見かねて手直しするなどと、建築への情熱は尽きなかったが、病いには勝てなかった。

三枚おろし

遠藤新の校舎にはそれぞれ独自の断面と構造の工夫があり、講堂について次のように述べている。すなわち、在来の講堂は、一般に四角い箱とするため、全校生を集める式や行事に間に合うとしても、毎日の学校の生活や地域の人びとの公民館的な利用には大きさの融通がきかなくて役に立たず、そして内部は、ガランとして落ち着きがなく、天井が一面に高いので音響効果が悪い。またその構造は、梁間いっぱいに大きな小屋組を並べて架け、両側の壁に並べた柱で支えるので不経済である。さらに風や地震に安全なように方杖や控え柱で補強することが求められるが、それは「ギブスや松葉杖を当てがうようなもので健全な解決とは言えない。それは魚料理にたとえれば輪切りにするようなものである。

大きな魚は三枚におろすように、建物を縦に三つに分け、その二つの分け目に長手に組梁を渡し、それらに屋根を載せる方が良いと言う。それによって、小屋組が小さくなり、さらに中央の部分の天井は高く、両側の部分の天井を低くすれば、建物全体が低いので経済的となり、断面が引き締まった美しい形となる。また演壇の反対側に中二階席を作ることができるので、人数が多いときはそこまで使い、少ないときは中央の部分だけ使う。中二階の下は場合によっては仕切って音楽室とするなど、使い方に融通性ができる。

自由学園など幾つかの学校をこの方法で建て、また二、三の講堂をこの方式で改造して成功であった。真岡の久保講堂では、縦の組梁の部分に高窓を設けたので講堂の中央の部分が明るくなり、その下の小壁のおかげで声の通りが良かったと、前進座の芝居が来たとき好評であったと言われる。

遠藤新が「三枚おろし」と名づけたこの方式はキリスト教会堂の身廊と側廊に分けた構成に似ている。しかし帝国ホテルの談話室や劇場やその上の宴会場、あるいはその十年ほど前のユニティー会堂などに見るように、中に四本の柱を立てて、中央を吹き抜けとし、四方に床や屋根を持ち出すように作るライトの発想に倣ったものかも知れない。もっとも、震災後の応急建築バラックでは、片流れ屋根を基本型としていろいろ組み合わせているが、東洋軒の食堂に利用したものに、二つを向き合わせにして勾配を急にし、「屋根のひらきを中央の大きな柱で押さえた」構造のものがある。両方の頂が接する所を少しあけ、そこから入る「光線は非常に軟かにして平均なるが故に小展覧会場に適す。また単純にして崇敬、直ちに教会日曜学校等の宗教的建築にすることを得」と書いている。

番町と目白ヶ丘の教会堂では、身廊と側廊に分かれてはいないが、鉄筋コンクリート構造に「三枚おろし」の方式を適用して、祭壇の両側と入口の前室に二本ずつ立てた柱から会衆席の上方に長手に大梁を渡し、それぞれに斜めに屋根スラブを架けている。その屋根は、遠藤新が「弥次郎兵衛」と形容していたように、中央を大梁で支え左右を釣り合わせたもので、棟の所で離して光を取ることができ、また会衆席の外壁は屋根を支えない張壁と考えることもできよう。

煉瓦に聴く

遠藤新は戦時中、一九三三年から一九四五年の敗戦まで、現在の中国の東北地方にあたる満州に渡り、中央銀行の倶楽部や社宅など幾つか建物を設計した。それらが評判となり、住宅が建設局によって優良住宅に選ばれて表彰されたり、社宅や中銀倶楽部式に建ててくれと註文されたりしたという。

その中銀倶楽部の構想について遠藤新が書いた「創造の機微――煉瓦に聴く」を読むと、まず「この大陸によって島国人なる吾等はそもいかなる建築を建てんとするか」とあり、前に引いた「地所が建築を教えて呉れる」の「地所」はここでは

「大陸」となる。その大陸は丸い地平線を持って、そば立つもの、起伏するもの、見える限り土であり、そこに土の建築、土の生活、土の文化が生まれ、その土が煉瓦として我々の目の前に現れる。土が山となるように、煉瓦は積めば山となり、どこまでも伸びてゆく。平地に山を営んだのが北京城であるとすれば、えんえんと山を越えて築いたのが万里の長城である、と遠藤新は見る。

まさにライトの言う「土地の感覚、材料の感覚」による発想であり、当時、他の建築家たちが日本式、中国式、国際様式のどれにするかなどと論じていた視点とは違って、普遍的、基本的であった。

そこでまず、「長城の一片をもって倶楽部にしよう」と考え、その壁に沿って「倶楽部の生活を織り込み」、その壁と平行に、それより長く、パーゴラを設け、建物との間の中庭に大きな池を作った。水ほど満州に欲しいものがない、中庭に何もいらない、ただ水さえあれば良いと考えたからである。しかし、冬は地下も結氷して底が破れるが、満州の土が粘土質で、こねれば水を保つことを知って、春先に大勢の人の足で底をこね、秋まで満々と水を湛えることができたという。パーゴラについては、予算の削減のため取り止める話が出たとき、遠藤新は「壁に囲まれただけが建築ではない。壁の外なる建築はいま僕がやっておかなければならない」と主張して、作ることになった。そしてこのパーゴラを建物より長くしたのは、「大同公園を展望する丘に建つ建築として、見渡す限り抱擁せんとする意図に他ならない」「敷地全体が建築、見ゆる限りが敷地」であり、このパーゴラがなければ中銀倶楽部の価値が半減する、とさえ言っている。

建築のたたずまい

「甲子園ホテルの場合」と題して遠藤新は次のように語っている。

まず初めに、建築のたたずまいを考える。
そこには、間取りも姿も生活の方途も敷地も環境も遠く漂渺裡に形無くして形を取りつつあるのです。

このとき「空間の音符」は敷地を越えて景観と呼吸を合せつつ浮遊していると想像してよい。
それから、やがて精確なる曲の構成に入ってゆくのです。
水辺の松並木に建つこの甲子園ホテルの場合に、建物と並木の高さと相如《あいし》き相及《あいおよ》びつつ、扉を押して佳人が現れるように松並木を開いて建物が建つのです。
そして松の緑と一つなる緑の屋根は層よりして層に静かに水に近づくのです。

ホテルの玄関に入ると、水辺に下る地形のままに数段低くロビーがあり、外には広いテラスがあって、なだらかに下がる庭の向こうに、広い水面が望まれる。「生活に徹底」しながら遠藤新が建築に求めたものは、「空間および形と心理の照応」「空間と人との音楽的偕和」であった。

ル・コルビュジエが「トラセ・レギュラトゥール（規整線）」から晩年の「モデュロール（規準尺）」まで探求したものは、ピュタゴラス以来、ルネサンスを経て「ボザール（パリの美術学校）」に伝えられた西洋の幾何学的精神による外観の比例の美学であった。ライトは、それに対して自分の建築を「有機的」と呼び、「建築の本質は住むための空間にある」と言った。

ライトの日本文化への憧れは、十九世紀末のパリからアメリカに伝えられたジャポニスムに触発されたものであろうが、ライトの目は印象派の画家たちとは違ったものに向いていた。ライトが遠藤新を評価したのは、建築への情熱と理解だけでなく、ライトの見た日本文化の体現者であったことにもよる。

遠藤新は朝食の茶ブダイの前に座って、その上にある「何でもない、何所にもある身辺の小さな品々」が並んでいるのを見て涙をこぼした。「この小さなものにまで沁み通り行き亘った〈日本〉』が私をゆさ振りました」と書いている。アメリカから帰った翌朝のことである。

羽仁吉一邸

羽仁吉一邸

自由学園（南沢）女子部食堂

自由学園（南沢）女子部食堂

自由学園（南沢）正面が体操館　デンマーク体操をしている

自由学園（南沢）体操館

自由学園（南沢）女子部講堂

自由学園（南沢）女子部講堂　三枚おろしになっている

新京中銀倶楽部　70 メートルも続くパーゴラ

新京中銀倶楽部　テラスへ続くベランダ

目白ヶ丘教会

目白ヶ丘教会

目白ヶ丘教会中庭

吉田鉄郎の住宅

吉田鉄郎さんは、東京、大阪の中央郵便局やコンクリート住宅、馬場氏烏山別邸によって、先駆者や前衛の派手さはないが、着実に日本の建築の近代化を進めた一人であり、また戦中の高等海員養成所は、戦後しばらく、私たち若い建築家には清新な合理的設計と洗練された繊細な比例の美しさによって木造の手本であった。

その吉田さんが、中央郵便局の設計を終えた一九三〇年代の初めに海外に出張、ヨーロッパの建築家の間に日本の住宅への関心が高いことに驚き、帰ってすぐ、ドイツ語で「日本の住宅」について書き、一九三五年にドイツで出版した。

それは、日本の気候風土や生活習慣から説き起こして、住居の歴史的な形成過程を述べ、達成されたプランやデザイン、構造や木工的詳細を図や写真で示し、材料の性質や庭との関連まで説き尽くしたもので、好著としてドイツだけでなく広く迎えられ、フランス語ならレジョン・ドヌール勲章ものと言われたほどであった。英訳本を望む声もあったが、吉田さんは初めは承知せず、結局、「英語でもニュアンスは伝えることができる」として出版されたのは一九五四年であった。日本訳は、『日本の建築』が一九七五年に現れたが、『日本の住宅』は二〇〇二年まで私たちには「幻の名著」であった。その後、『日本の庭園』が二〇〇五年に出版された。吉田さんは『日本の住宅』の序文で「日本は、高度に発達した住まいの文化を育ててきた」と書いたが、亡くなられてから半世紀も経たない中に、椅子式の生活が一般化し、洋風の構造が受け入れられ、新建材が現れ、ツーバイフォー工法も許可されて、在来の工法が建築家だけでなく大工からも見棄てられ、したがってその「育ててきた住まいの文化」もほとんど失われてしまった。しかしそれらの本には、さまざまな床の間の構成や土台の継手、建具の断面や寸法などの図が載せてあり、それら私たちが若いころ退屈な講義や味気ない手引書で習った手法が、こうして、優れた建築家による伝統文化の格調高い紹介書で、桂離宮などの美しい写真とともに記録として残されることとなった。

吉田さんは、自ら設計された馬場さんの牛込本邸の写真を『日本の住宅』のドイツ語版に使い、その後に建てた熱海別邸の平面図や立面図を英訳本に載せた。典型としての自覚があったのであろう。牛込本邸は厳格な書院造であるが、熱海別邸は、茶をたしなむ夫人の別荘のためか、数寄屋調で自由な造りである。

この熱海の家は、プランに無駄がなく、配置図に門や池や菜園と家との関係が判り、そして姿に、和歌の本歌取りのように、三渓園の聴秋閣を取り込んでいるのが気に入って私は、英訳本からプリントを作って、近代建築史の時間にその魅力について語ってきた。しかし私が実際に見たのは数年前、思いがけない機会によってであった。熱海別邸に行く前に、烏山別邸によって、吉田さんの建築の特質について述べておきたい。

一九九四年、山田守・吉田鉄郎の生誕百年展がＮＴＴで催され、その行事の一つとして二人の作品の見学会があり、学友橋本久道さんとそれに参加した。目当ては烏山別邸の中を見ることであった。外観はすでにスライドに納め、近代建築史の時間にペレの建築とともに構造の美しさについて語っていた（橋本さんは学生のころから吉田さんとペレの建築に関心をもち、吉田さんの郵便局や電信局などを訪ねて全国を廻り、ペレの建築をパリやその周辺で探して、私の知らないものまで見ていた）。

この烏山別邸が建てられた一九三七年の翌年、私は建築の学生となった。そのころ、コンクリート住宅としては、すでにアントニン・レーモンドさんが一九二三年（三澤浩さんによれば）デ・スティル派と同じ立体構成を自邸で試み、一九三二年にル・コルビュジエ式に柱を外壁から内に入れて端から端まで連続窓とする正面を赤星邸で実現して、先駆者として注目され、そして白い四角い新様式としては、バウハウスやベルリンで学んだ山脇巌さんや蔵田周忠さん、ライトの所に行った土浦亀城さんがトロッケンバウ（乾式工法）などで建てて、それらの中では、山口文象さんの二階軒下まで高いパーゴラとパイプの列柱によって全体を造形的にまとめた山田邸や、堀口捨己さんの一、二階テラスの手すり壁など水平な要素で立面を構成した若狭邸などが美しいとして評判であった。

そのような状況の中で、吉田さんのコンクリート住宅、鳥山別邸は、デ・スティル派やル・コルビュジエ式の立体構成にたよらず、ドイツやフランスの白い四角い新様式をも借りず、中央郵便局で達した柱梁の構造に美しい比例を求める建築であり、吉田さんが探求した日本の伝統的な木造の手法に通じ、吉田さんの好きなペレの建築観に同調するものであった。

オーギュスト・ペレは、建築から装飾を除いて構造体だけとし、構造自体を美しいものとすることを主張し、詩に例えて、「普通の言葉を使い、普通の言い回しにしたがいながら、それらが歌いだすようにする。そこに芸術がある」とも言った。そしてパルテノンの比例は完全であると讃えているから、建築が「歌う」とは「比例が美しいこと」を意味しよう。また「普通の言葉」と「普通の言い回し」を強調したのは、当時、自由詩や前衛詩が破格な言葉の使用によって目新しさを競い、構成主義や未来派が空虚な構造体や異様な造型を誇っていたからであろう。この種の抑制は、吉田さんのものでもあった。吉田さんはペレの特集号を膝において、「ペレの建築は実に構造的であるが、構造を露出しようとはせず、高雅なヴェールで軽く覆っている。そのため一層構造に魅力を感ずるのではないであろうか」と熱をこめて語った。

アール・ヌーヴォーから分離派、表現主義、バウハウスと新しい傾向を迎える建築界の風潮に対して、吉田さんはそれら外面的な装いの下に必然的なものとして構造を見出したが、吉田さんの建築は構造だけではない。鳥山別邸で見てみよう。

玄関に入れば、奥の壁に沿って手すり子の細かな階段が斜めに登り、そこだけ天井を上げて、踊り場のガラス・ブロック面から光を落とし、その単純な構成の空間を静かに満たしている。右手の居間の入口を隠す薄いガラス・ブロックの袖壁を廻って居間に入ると、開口部と柱の比例の美しい空間が、左は壁に沿って一段低い日光室に伸び、右は広く開いて、テラスから芝生に出て、遠く芝生を越えて林を望む。吉田さんの説明には、「壁と天井は白く、窓掛けや絨毯はグレーに、椅子の布地は黒とグレーのビロードにして、単純、清楚な効果を狙った」とある。かつては日光室の室内植物の緑や花の紅や黄や紫がそれに華やかさを添えていたのであろう。さらに吉田さんは「北側の窓には雑木林が間近に迫り、若葉の頃も冬枯れの頃もまことに眺めがよい」と、言う。ル・コルビュジエは「プランはすべてを産みだす母体である」として、その上に建つ立体と空間を構成する方式をプランに組み込ませた。吉田さんも「プランが決まればあとは自然に出来上がる」と言ったが、このように生活と自然との関わりをもプランに含めていたのである。

ル・コルビュジエは衣装ダンスなどすべて壁の中に納めることを主張した。吉田さんもこの家では衣装戸棚から化粧台や書き物机まで建込《たてこ》みにしているが、扉を開けて見ると、引出や棚の造りが戦前の『バウフォルメン』誌で見た図にそっくりなので、当時のドイツの設計の合理化計画に倣ったものかもしれない。

この家を芝生から眺めたとき、やはり林の緑を背に、白く比例の美しいル・コルビュジエのサヴォア邸を思い出された。自然との関わりによって育ってきた文化と数学・幾何学的抽象化を進めてきた文化が、それぞれ近代建築において達成した典型と言えようか。

この家の見学には建主の馬場さんのご子息の夫人、登志子さんが参加され、当時の様子をいろいろ伺うことができて興味深かった。後に、その登志子夫人に橋本さんがお願いして、熱海別邸を見ることができたのである。好運であった。

熱海には、同じころ吉田五十八さんが設計した岩波別邸があり、何十年か前、幸運にも泊まる機会を得たことがあった。初日の出を湯の中で迎えたいとの、信州から出て来て成功した人らしい望みによって、東と南に海を望む小高い敷地に、浴室を東の端において建てたという。その浴室の窓ぎわの湯舟に身を沈めれば、溢れる湯が海に落ちるかと見えるように、窓台が下げてあった。私も朝日が好きなので浴室だけでなく八畳の間も広い居間も東と南をあけた設計が気に入り、海と松しか見えない所で何日か読み書きで過ごす幸せを経験した。

室内は、玄関に入ってすぐ判るように、和室も洋間も五十八さん式の新数寄屋であるが、控え目で、すっきりとしていた。外観も、小さいながら変化ある形に棟を分けて屋根を架けて繁雑にならず、軒を低く揃えて、全体を姿よく纏めているのはさすがであり、土壁と木の質と色と仕事のよさによる美しさ、いつものことながら格別である。

この家に招かれた同郷の知人に「あなたらしくもない贅沢だ」と咎《とが》められ、建主は「学者がたはふだん恵まれない生活をされているので、たまにはここに来て寛いで頂くのだ」と答えたという。

吉田鉄郎さんの熱海別邸はまず門がいい。牛込本邸の門は厳めしいが、ここは人間的な尺度で調和がとれている。植込みの間を通って入口の前に立ち、入る。戦前の郊外住宅によく見られた普通の造りであるが、材料に、寸法に設計者の神経が行き届いている。廊下から、棚のある茶の間、床のある八畳、どこも在来の手法によるもので、岩波別邸のように設計者の独創的なデザインといったものは見られない。材料も戦中の乏しい時期に得られた最高の良材であろうし、大工仕事や建具も飛び切り腕のよいものであろうが、「贅沢」を感じさせず、面皮の柱を使っても数寄屋に流れず、すべてに抑制が利いてむしろ簡素でさえある。とはいえ、造作はすべて吉田さん好みの細みの寸法に統一されて、比例が美しく、親しみがあり、しかも端正であって、紛れもなく吉田さんの建築であろう。

ここで吉田さんの建築観が、芸術のための芸術でなく生活に即した芸術への視点を持つことを強調しておきたい。

吉田さんが分離派や表現主義など新しい様式を受け入れず、機能や構造をこえたところに建築を見たル・コルビュジエや工業デザインのバウハウスについて語らなかったのは、この視点のゆえであり、また、ドイツ語で日本の建築を紹介するにあたって、「日本建築の中心は日常生活のための建築、つまり住宅であって、仏寺建築などでも優れたものは住宅的な色彩が濃い」としてその種の建築を選んだのも、この視点によるものである。

岩波別邸が「贅沢」に見えたとすれば、五十八さんの新数寄屋が、日常生活から遊離したところ、料亭や旅館などで形成されたことと関係があろう。

吉田さんの熱海別邸は、八畳の間は、書院も縁側も土庇《どびさし》もなく、雪見障子と日除けの簾だけなのが、軽く、開放的であり、茶の間は縁側があるために落ち着き、奥の四畳半は北の菜園に向かって静かで自由な居場所である。二階の六畳（客間）は、南と西に肘かけ窓で開いて、当時は遠く海が望めたであろう。読書に昼寝にいい場所で、客室とあるが孫たちが客であったかもしれない。階段がせまく急である。

外観ではこの本歌取りの二階は、聴秋閣より大きいが、庭のどこから見ても程よい量で姿よく屋根に載り、家全体の姿は、一、二階とも軒下の廂によって尺度とリズムを与えられ、均衡を得ている。

ペレの表現によるなら、「普通の言葉を使って、普通の言い回しをしながら、歌になっている」のである。

吉田さんはバッハの曲にたとえて語る、「純粋に音だけが、これより動かしようがない、ちょっとでも動かしたら全体が崩れてしまうという究極的な調和を保ちながら、がっちり組み合わされ、しかし淡々として流れてゆく……あっと言わせるようなものではなく、聴く者の心に静かに深く沁《し》み込んでくる……建築もそう来なくては」と。

内田祥哉さんが、この家を見て、教科書のようだと言ったのは、プランから立面、室内、構造、細部の造りまで、すべて標準の手法によって手本となる典型に達している、という意味であろう。

ル・コルビュジエは、前六世紀のパエストゥム神殿から前五世紀のパルテノン神殿まで、百年にわたって標準化に標準化を重ねて、フィディアスにより典型に達したと言う。日本の木造住宅――住まいの文化――は、何百年か洗練に洗練を重ね、ついに今日、棟梁の技と美意識が、建築家・吉田鉄郎の設計を得て、馬場氏牛込本邸と熱海別邸において典型に達した、と言えようか。

橋本さんが、昨夏、学生たちと熱海別邸を実測したのは、記録を作りたかったこともあろうが、よい建物を体験的に理解することが初学者に重要であることを、芸大生のときの実習によって知っているからである。学生たちは自然材料と手仕事の美しさに直に触れて感動していた。

馬場さんご家族には、見学ばかりか実測までさせて頂いたことに御礼申し上げます。

牛込本邸が最高裁判所の長官邸となったとき、初代の田中耕太郎長官が、この家は立派な造りで、将来は文化財になるであろう、と何かに書かれたのを読んだ。熱海別邸も、失われた住まいの文化の美しい記録として残ることを期待したい。

東京中央郵便局

東京中央郵便局

大阪中央郵便局

大阪中央郵便局

馬場氏牛込本邸

馬場氏牛込本邸

馬場氏烏山別邸

馬場氏烏山別邸　1階居間

馬場氏熱海別邸

馬場氏熱海別邸

馬場氏熱海別邸８畳の間

馬場氏熱海別邸床の間

レーモンドさんの建築と日本の建築

「南山大学」の設計について語ったレーモンドさんの言葉を読んでみよう。

「もし私がほんとうに日本の伝統の中に、〈記念碑的〉でない、〈日本的〉な尺度を保つことができるとしたら、もし私が真に〈機能的〉なデザインを保つことができるとしたら、またもし私がそのデザインをあらゆる意味において〈単純な〉、〈直截的な〉、〈経済的〉なものに保つことができるとしたら、そのデザインは構造そのものを唯一の装飾とするものでなければならないでしょう。かくてこそ私は、真に価値ある何物かを成就することができると思います。」

これらの言葉は、これまでも、折りにふれてレーモンドさんがたびたび述べてきたものである。レーモンドさんは、日本の伝統的な民家が「内的機能に全く忠実で、構造体はすべて外側に表現され、構造体自身が仕上げを兼ねているばかりでなく、それが唯一の装飾である」ことを理解し、建物ばかりでなく、日本人の服装も、日用品も、陶器も、絵画も、庭も、すべて「簡潔で、直截的で、機能的でしかも経済的」であることを知った。これらの性格は、吉田鉄郎さんを通じて日本建築を理解したブルーノ・タウトが、桂離宮や伊勢神宮の建物に認めたもので、機能的、合理的であろうとした初期の近代建築の理念と一致すると説いたものである。そしてレーモンドさんは、現代の日本の建築家が「機能主義の限界を越える表現を探る」と言い、伝統を否定したところに近代を求めようとする傾向を、直截さや単純さを重んずるその建築観から批判する。

レーモンドさんは自分の家を設計したときライトの影響から脱けだしたと言うが、ライトこそ、日本の美術から「単純化を学んだ」と言い、「内から外へ」の発想を唱え、構造そのものを建築表現とした建築家である。レーモンドさんの建築観は、それが具体化された作品の形式や性格はともあれ、ライトの言葉とあまり変りがない。そして、自然の直観にもとづく日本人の伝統的な文化にたいするレーモンドさんの目は、ライトによって開かれたのではないか。ところで、このライトに「心酔していた」とレーモンドさんの言う遠藤新さんは、構造的解決を平面計画に一致、というより空間計画と一致させた建築を求めて、その頃の分離派やその後の国際様式の輸入した表現主義的な造型やいわゆる「白い幾何学」の立面構成とは違った近代建築を探り、学校や住宅に書院風な格調の高い様式を創りだした。この二人がライトから何を得て、自分のものとして発展させたか、較べてみることによってレーモンドさんの建築を知る援けとしよう。

今度の戦争の後にいち早くレーモンドさんが建てた「リーダーズ・ダイジェスト支社」は、中央の柱の列から両側に梁を持ち出して釣り合せた構造であって、その安全性を危ぶんだ当時の日本の構造学者は、実際に「ゆすってみたい」と言った。しかしこの構造は、帝国ホテルの両翼に試みられたもので、すでに関東大地震に耐えてライトを喜ばせた、実験ずみのものである。このような平衡構造を遠藤さんは「弥次郎兵衛」型と呼んで、四つ組み合せて「三枚下ろし」と称する形を作り、講堂や教会堂の設計に応用した。そして、一般に広い部屋を作るために使われるトラス構造を「輪切り」の料理と言って、構造的な解決が二次元的であるばかりでなく、室内の空間の作り方としても「三枚下ろし」に劣るものでもあると言った。「リーダーズ・ダイジェスト支社」の構造は、トラスではないとしても、平衡した梁を並べただけの「輪切り」型である。しかもル・コルビュジエ式に中央に便所や階段を集めて構造的核としたのは、内の空間を重視したライトや遠藤さんの建築とは違って、ガラス張りの立面を作るためであった。レーモンドさんの言う「内から外へ」は、架構を外に現すことにすぎないようだ。遠藤さんは「三枚下ろし」の構想をライトの「ユニティー会堂」から得たものであるが、レーモンドさんは、ライトのこのような空間構成や三次元的な構造を受け継がなかった。

ライトはこの持ち出し構造からさらに進んで、貝殻のような床と壁と屋根を一体とした総持ちのシェル構造に向かうが、遠藤さんはそのようなコンクリート構造の可能性を探る前に亡くなった。ライトはグッゲンハイム美術館の構想を得たとき、「柱と梁に分けて積み上げる」方法から脱したと言って喜んだ。それにたいしてレーモンドさんは、オーギュスト・ペレの教会堂建築を模した初期の東京女子大学「礼拝堂」から晩年の「南山大学」にいたるまで、柱と梁の構成の洗練を目ざしているように思われる。折板方式を取り入れた構造でさえ、柱と梁の原理に従っているように見える。ペレの柱と梁の構造は、ゴチックの尖頭アーチと柱の組み合せやルネサンスの列柱の様式を鉄筋コンクリート造に写して、古典的な調和ある比例を求めたものであろう。わが国の耐力壁とラーメン構造を組み合せたコンクリートのビルは、計算しやすく、施工が容易で、間仕切りが自由なため、経済的な梁間や階高が決まって、ほとんど標準型が出来上っている。ペレの建築を讃えた吉田さんは、柱や梁の寸法ばかりでなく、窓や出入口の大きさ、軒や庇の出や厚さなど各部に比例の美しさを探った。吉田さんは、タイルの仕上げを好んだが、レーモンドさんは、材料の素地を現すことを信条として、コンクリートの打ち放しをわが国に定着させたが、その構造をそのまま現した立面は、動線を処理しただけのような平面計画と同じに、明快で、単純である。そしてレーモンドさんは、何よりも軽快さを求めた。壁に折壁を使い、屋根にシェル構造をのせても、複雑でなく、鈍重にならない。

レーモンドさんと吉田さんの後の世代で、ラーメン構造の平凡さ、工夫のなさを嫌った建築家たちは、ル・コルビュジエのピロティや反り屋根をまねることから始めて、近ごろは、ルイス・カーンの手法などまねて特殊な型の平面処理に合せた特異な型の構造的解決を求めるようになった。ル・コルビュジエの反り屋根は、内的な機能のためより外的な記念的目的のためのもので、ロンシャンでもチャンディガールでも構造の本体から浮かせてあるが、それが壁についていては鈍重となる。また、手すりに切れ目を入れ、壁に穴をあけ、あるいは建築要素を鋭い角錐や輪切りの円筒にするル・コルビュジエの手法も模倣されるが、こうしたコンクリートの造型は、構造の必然から出たものではなく、むしろ構造的な性格を弱める装飾的、彫刻的な効果をねらったものである。そこでレーモンドさんは、ことさら「構造そのものを唯一の装飾とする、直截的で、経済的」建築を作ることが「価値ある」仕事だと思うのであろう。そして木造の教会堂の丸太組み架橋に引き締まった形と適切な寸法を与えるレーモンドさんには、そのようなコンクリート造型は「ブルータルに」しか見えなかったのである。

ところで、日本の伝統的な感覚は、簡素で実用的な民家だけでなく、豪華で記念的な城や寺院のデザインにも見なければなるまい。入母屋や唐破風の屋根は、ル・コルビュジエが言ったように「機能」や「経済」を越えた表現を目ざしたものであろうし、美濃や志野などの茶器は、現代のコンクリートの可塑的な造型のように、自由で偶然的な形や土の材質感を喜んだものであろう。もっともそれらは、優美な弥生式土器の内に張りつめた力を見ることができず、怪奇な縄文式土器の装飾を生命力の発現と見誤る今日の画家のように、衰えた感覚を示すものかも知れない。初めに引用したレーモンドさんの言葉は、さらに次のように続く。

「圧迫するような〈静的〉なデザインすなわち〈軸を中心とした均整〉に頼ることなく、〈不均整〉と高低の変化に通したこの敷地の特性を活かして、あたかも地下に根をしっかりおろした植物が根を張るように、地面から建物が、自然に、育ち拡がっているような状態がこの敷地にふさわしいと思います。」

「軸を中心とする」という表現や人間を超越した「群衆的な尺度」という言葉は、「シンボリックなアプローチ」などという言い方とともに、都市計画をあつかう若い建築家たちに好まれているが、それにたいしてレーモンドさんは、ことさら「不均整」なデザインや「人間の尺度」に合った建築が日本の伝統であり、自らも「自然を基本として」設計すると言うのであろう。中心軸による造型はいわば外からの秩序だてであり、ルネサンスからボザール、そしてル・コルビュジエまでの美学の方法である。外からの形式化はまた建物に「記念的」性格を与える必要から求められ、そこから人間の尺度を絶した「威圧するような」外観が生ずる。日本の寺は山に入って僧の道場となってから、「敷地の高低」にしたがって大陸伝来の左右均斉の配置を破るようになる。近代建築は、「記念的」でない実用の建物が主となったとき、機能を第一としていわば「内から」構想されるようになり、住居が都市の主な要素の一つとなったとき「人間の尺度」が問題にされるようになったのである。今日ふたたび「人間の尺度」を越える建造物が言われるのは、近代技術に基づく現代の経済社会の発展が人間を中心とするものでないからであり、そこに「記念的」な造型がほどこされるのは、物質の巨大な量に精神的な感動の代償を見出そうとするからであろう。

レーモンドさんの言う「地下に根を下ろし、地面から育ったような」建物の構想は、まさに、「敷地の感覚」を重んじ、樹木型の塔を建てたライトのものであるが、「南山大学」と「自由学園」の配置を較べるなら、「生活が敷地にどのように展開するか」という発想から建築する遠藤さんの方が有機的建築の理解は深い。しかしレーモンドさんは、自然と人間性に背いた現代の文明に抗して建築を作ったライトからそれほど離れてはいない。過去の日本建築への愛情も、現代に失われた美の理想をそこに見たからであろう。

日本の建築家アントニン・レーモンド

「文は人なり」と言われるが、建物も、そこに住む人、それを作る人の生活の仕方や考え方を表す。建築を設計することによって自分を形成してきた人の言葉は、たとえ技術的なことに関するものであっても、専門外の人々にも、共感や感動を与えるであろう。建築は、その時代、社会から生み出されたものであり、時には建築家は、自分の生きた文明の証しとなり批判者ともなる。近ごろ出版された『自伝アントニン・レーモンド』と『私と日本建築』は、わが国に生まれ育った一つの近代建築を示すだけでなく、それによって他の傾向にたいする反省の促しともなっている。

建物や家具に、文学や音楽と同じように、人間の表現活動の一面として、もっと関心が向けられてもよいのではないか。建築や工芸は、実際の役に立つという点で絵画や彫刻と別に見られがちであるが、精神や感情のはたらきかける造型と見るとき、そのような点はほとんど問題でなくなる。建築は「マザー・アート（諸芸の母）」と呼ばれた時もあり、旧跡や遺構を訪ねることが現代の旅行の主な目的でさえある。近代はどのような建築を創り出しているであろうか。

レーモンドは、ボヘミアで生まれ、アメリカ国籍をもつが、大正八年に来日してから、戦争中の十年余りを除けば四十年近く日本で仕事をしている。わが国のたいていの建築家より日本における長い職業経歴をもち、設計ばかりか施工の面でもわが国の建設技術を高め、近代化を進めることに貢献した。レーモンド事務所で働いたことのある幾人かは今では建築界の主要な位置にあり、戦争中に出たレーモンドの作品集と詳細図集は、若い人たちに一種の手本として役立った。

今度の戦争の始まる前ナチスに追われてわが国に立ち寄ったドイツの建築家、ブルーノ・タウトは、その著『日本』などにおいて、機能や構造の合理的な表現を目ざす近代建築の立場から、桂離宮などの美しさについて語った。レーモンドは、日本の民家の美しさを認め、その特性を「自然のままの素材を使い、簡潔で、直截で、経済的」であり、「記念的でなく、人間の尺度にある」ことに見た。そしてそれらの特性を、「純粋な形と空間」を求める近代建築の理念と一致すると見て、自分の創作原理とした。レーモンドの本には、タウトほどの建築芸術についての理論的展開は見られないが、日本の自然や芸術にたいする愛情があり、レーモンドが自分の原理によって発展させた建築が知られる。

これらの本を読んだ後に、実際の建物を訪ねて、内や外に、それぞれの建築性といったものを感じとることは、いっそう楽しいことである。簡単に見られるものとして、東京では吉祥寺の東京女子大学、目黒のアンセルモ教会、銀座のヤマハ・ホールがあり、地方では札幌の聖ミカエル教会、名古屋の南山大学、高崎の群馬音楽センターなどある。軽井沢の聖ポール教会は、レーモンドの故郷のボヘミアの教会がそうではないかと思われるものであったが、後に、腰の板壁が白く塗られ、木の柱も真黒にされて、感じが変った。そして、西日を遮るためにスダレを垂れていた牧師の家もなくなった。堀辰雄の『木の十字架』に書かれたせいか、今では、「村の教会」は「町」の名物となり、礼拝以外の人はお断わりの看板が出ているということである。これらの小さな木造の教会のほかに、私が好きなレーモンドの建築は、丸太の木組みを見せてベニヤ板を張ってあるだけの住宅である。しかし、麻布のアトリエつきの住宅も、軽井沢の「夏の家」も、一般に見るのが難しいのは残念である。

それらの建物から、レーモンドが日本の建物に見た「記念的でない、人間の尺度」はどういうものか、が理解されよう。オーギュスト・ペレの手法を写した初期の東京女子大学の礼拝堂から晩年の南山大学まで、レーモンドが目ざしているのは、明快な平面計画と単純な構造の建築であった。そして重い表現を嫌い、軽快さを喜ぶため、近ごろのコンクリートの可塑性を誇張した造型や、特異な構造的解決を誇示する作品に批判的である。殊に南山大学では、日本の伝統にしたがって敷地の「自然を基本として」設計したという。現代の問題は、伝統の否定や断絶、土着性や近代化といったことではないことを、外国の建築家から教えられている始末である。

「レーモンド・スタイル」再見

昨年になるが、竹中工務店の広報誌『アプローチ』の秋の号に、アントニン・レーモンドの軽井沢の「夏の家」や麻布の「自邸」などの写真が三澤浩さんの解説つきで載り、その半年前にライト建築アーカイヴズの催しで、レーモンドの軽井沢の「新スタジオ」の北澤興一さんのスライドによる話があり、改めて、いわゆる「レーモンド・スタイル」の住宅について知ることができた。

軽井沢の「夏の家」は、私が学生のころ、ル・コルビュジエの蝶型屋根の写しと知って、遠くから眺めたことがあるが、戦後に、建築家となって、斜めに上げた天井の高い部分に中二階を設けた空間構成に興味を持って見に行き、納屋のような丸太の架構と屋根裏、板の壁、その下に連続する障子の開口、といった内部構成に圧倒され、新鮮さを感じた。

三澤さんは、一九三五年に建てられたこの家に、「合理、工場生産、普遍性を目指すモダニズムからの離脱」を見られ、ポストモダンの先取りと考えておいでであるが、私は、「日光から大工を呼び寄せて建てさせ、端材で食卓や椅子を作り、暖炉に土地の石を積んだ」ことに、ライトが土地の大工や石工とともにタリアセンを建設したことを思い合わせて、むしろアーツ・アンド・クラフツの甦りと考えたい。いま見る家は移築されたもので、三澤さんによれば、前の敷地にあったときは、暖炉のわきの席から遠く浅間の噴煙が望まれたという。

麻布のレーモンド事務所は、たまたま私が訪れたときがお茶の時間で、紅茶とクッキーが出て、ゆっくり、丸木の柱梁と板壁に障子の光が作り出す美しい雰囲気を味わうことができた。この事務所と中庭を距《へだ》てた自邸が、日本の建築の近代化が生みだした佳品として残されることを期待していたが空しかった。自邸の写しが高崎の井上房一郎邸として実現したことはせめてもの救いであろうか。

三澤さんによれば、丸太の架構にロータリーベニヤの壁、南側の障子を開ければ庭に続く設計は、所員が「レーモンド・スタイル」と呼んで、一九五〇年代の住宅の基本であったが、建てられた家はほとんど失われ、麻布にただ一軒残ったのがカニングハム邸であるという。吉村行雄さんの写真と三澤さんの説明が室内構成の素晴らしさをよく伝えている。室内楽が演奏され、響きよく、人が溢れたという。

戦後の一九六二年に建てられた軽井沢の「新スタジオ」は、レーモンドが八十五歳でアメリカに引きあげる七三年まで、夏の二カ月、何人かの所員と生活や仕事を共にした家であるが、元所員の北澤さんが譲り受け、「家具や壁の絵、棚の陶器もそのままに」使っている。望ましい保存の仕方である。周囲の景観も、開発の手が及ばず、自然のままである。北澤さんは工学院大学の校友会誌『ニッチ』二〇〇六年号にこの家の写真を載せ、レーモンドの仕事ぶりと生活について語っている。七十を過ぎて建築への情熱は衰えず、ときどき設計室で「雷を落とした」という。

レーモンドは、ライトから日本の文化について聴かされていたであろうが、独立して、日本人の住宅を設計し、風流人と交遊して(『アプローチ』の山口昌男さんの「レーモンド、日本との出会い」に詳しい)、日本人の生活観、自然観への理解を深め、それらを一九三五年の『作品集』の前書きに記している。

その中に日本人は「材料の表す真実を知って使う」とあり、「本質的でないものは全て切捨て、一幅の軸、季節の花一輪のほかは何もない空間を求める」ともあって、遠藤新の似た言葉が思い出され、私は、ライトに反発したレーモンドも、ライトに従った遠藤新とあまり変わらずライトの近くにいたのかと思う。

とにかく、それらの観察から、レーモンドの五原則「単純、自然、直截、経済、誠実」が導き出されたものであろう。

レーモンド夫妻が庭に向かうパーゴラの下で憩いのひとときを過ごす写真は、三澤さんが『アプローチ』の冒頭に掲げ、北澤さんも懐かしい姿としてスライドで映して見せたが、西欧の生活を日本の風土と習慣に順応させた美しい情景であり、「レーモンド・スタイル」はこの生活態度から生まれたのであろう。

聖ポール教会

東京女子大学

「新スタジオ」

「夏の家」

III

身のまわりの芸術

身のまわりの芸術

数年前から、市庁舎や公会堂など公共建築の壁に画家や彫刻家による壁画や薄彫が試みられ、近ごろは、事務所ビルの壁や床にまでグラフィック・デザイナーと称する人々のモザイク模様が見られるようになった。それとともに、建物のなかや中庭や前庭などに、抽象彫刻風の椅子、卓子、灯具、はては禅寺まがいの石をおくことが流行ってきた。

こうすることによって、建築家は建物そのもので充たされなかった造型遊びのはけ口を見出し、画家や彫刻家は展覧会場からとび出して一般の人々のあいだに来る機会を得ることになる。評論家は、これで建築と絵画・彫刻の総合がなったように三味線をひくが、ほんとうにそうであろうか。

身近の建物で見るかぎり、また新聞や雑誌の写真で知るかぎり、それらは形や色がどぎついわりには、あまり人々の目を惹《ひ》かないのではないか。ちょっと見には面白く感じられ、また驚かされるとしても、長い鑑賞やくりかえし見るには、耐えられないのではないか。

私たちの目を楽しませるためなら、駅の構内や観光案内所の海や山の写真のほうがよい。それらは、都市に暮らす人間を自然の中の憩いへ誘う。あるいは、戦前の銭湯にかならずあった三保の松原から見た富士や、松島と帆かけ舟のペンキ絵を思いだしていただきたい。そうした爽やかな風景は、盆暮に商店がくれるカレンダーやうちわにも描かれていたが、まさに風呂につかる気分にふさわしい題材であった。

建築と美術の総合などということは、建築家と美術家の協力だけでうまくゆくものではない。それにはまず、建物を使う私たち自身の生活のなかに絵や彫刻がなければならない。ゴチックの寺院のステンドグラスは、オルガンや歌などとともに、その時代のいわば視聴覚教育の道具立であった。桃山や江戸時代のふすま絵にしても、花鳥風月を歌う趣味の生活の背景をなすものであった。

近代建築のほとんどは、近代産業に必要な施設として始まったもので、役に立つことだけが求められる。神の栄光をも、天上の楽園をも表わす必要はなく、帝王の権力や富を示す必要もない。もっとも、神や帝王にかわった支配者である実業家は、金庫に威厳をもたせ、売り場に豪奢な雰囲気をあたえるために、神殿や宮殿の外観を借りた時期があった。

現代の都市は、人間の毎日の住居の場や環境としての良さを犠牲にして、すべてを営利の手段と化してゆく。そこで建設される道路や建築は、現代の社会を象徴するように人間の尺度を絶して巨大化され一様に規格化される。それを形づくる鉄とコンクリートといった工業材料は、確かに、自然材料である昔からの石や木や煉瓦よりは質感が悪い。そこで、大理石やタイルで貧しい骨組を隠し、色ガラスや表面処理をした金属板で流行の衣装をつけるのであろう。壁画や彫刻がそのような都市の広場や建物にもちこまれるのは、そこに芸術を喜ぶ生活があるからというより、その空虚さを救うためなのである。

ところで、宗教的な喜びや精神的な誇りを捨てたものは、現代の社会や建築ばかりではない。造型芸術も音楽も人間的な感動を文学的であるとして排し、自然から霊感を汲みとることを蔑《さげ》すむ。こうして、色や形や音のさまざまな構成や効果を求めて、感覚的にも心理的にも微妙な変化をつくりだしたが、ただ末梢神経を刺激するだけになったのではないであろうか。たとえば、オリヴィエ・メシアンの「トゥランガリラ」は、この世にないような音の量やふしぎな組合わせを聞かせるが、私の心を動かすまでにはいたらない。純粋な音の響きや音の関係は、私には幾何学的図形と同じである。

壁画に使われる抽象絵画も抽象彫刻もそれと同じで、人々の心に訴える内容の力を失った上、近代建築の量や形の大きさや材料の質感の荒さに耐えられないので、それらに物質的に抵抗する力を得るため、色を烈《はげ》しくし、質感を強め、形を突飛にしなければならない。その結果、刺激の多い都市の生活にさらに騒々しさを加えるか、単調な鈍いものとなる。

たまに、戦災を免れた家に年寄りを訪ねると、私たちの世代が失ったものに気づいて、今さらのように驚くことがある。季節や祝い日に応じてかけかえられる絵や書、生花や置物、暑さ寒さによって変える着物の質や柄、すべてに自然とともにある生活の詩がある。自然を改造する機械文明、そして人間を捨象する芸術の抽象主義によって、私たちの得たものは何であろうか。

北欧のガラス器や食器をまねた「グッドデザイン」と称する作品は、私たちの年寄りが昔から使っている有り来たりの皿小鉢におよばない。それは、材料の抵抗や用途から自然につくりだした形というよりは、抽象造型的な形の面白さをいわば外から押しつけるためであろう。また、アメリカの建築雑誌の影響をうけた新しい住宅も、戦前の瓦屋根と畳敷きの家ほどの落着きを得ていない。生活をとらえるというよりは、平面の型や外観にこだわるからであろう。名もない工人が同じものをいくつも造り、それを何代もうけついで達した工芸の美しさを説いた柳宗悦の言葉は、個人の名を売り急ぐ現代の芸術への警《いまし》めである。

終戦まもなく、解放されたオランダかどこかの兵隊が数人ずつ歌いながら来るのを幾組か見て、そのようにだれでもすぐに合唱ができ、胸を張って朗々と歌える歌をもっているのを羨ましく思った。その時は、今のように職場や学校のコーラスが盛んになり、若い指揮者や作曲家が出るとは考えもしなかった。音楽が、こうした専門家でない人たちの生活の一部ともなれば、ジョン・ケージなどを「酢豆腐の若旦那」かアンデルセンの「裸の王様」のように笑いとばすこともできよう。

しかし、パレストリーナやバッハのいた社会には魂を昂揚させる宗教生活があり、ベートーヴェンやムソルグスキーには人間の自覚があった。私たちの身のまわりには、人類を振《ふる》い立たせ、感動で充たすどのような理想や事実があるであろうか。

ヨーロッパの文明批評家たちは、現代社会の病気は、科学や技術の進歩に感情や情緒の領域がついてゆけないためだと言い、数学によって知力を鍛えることと同じに、芸術による教育の必要を唱えている。しかし、十九世紀末のシカゴの建築家であったルイ・サリヴァンは、「かつて人類がそうであったように、五官が生き生きと目覚め、生きることが存在の極《きわ》みであるような人間、目は開かれて光り輝き、耳は鋭くてどんな音をも逃さず、身はしなやかで力強くすばしこい人間」にならなければならないと説いた。

産業ぼけした都市の文明から人間を救いだすには、まず、失われた自然をとり戻すことであろうか。現代の都市は、言葉が通じなくなったバベルの塔のように高く積まれて「群集のなかの孤独」があり、ポンペイやソドムとゴモラの住民のように虚栄的で消費的である。人工におごって東京湾に都市を移しても、数千年前は今の東京地域は海の下にあり、その赤土は数万年前の箱根や赤城の噴煙であるというから、いつまた消えるか分らない。神のいない現代は、人間自らの手による原子の火によって焼かれるのであろうか。ふたたび「自然へ帰れ」と叫ぶときが来たようである。

本を読むこと

——学ばざるを学びて

「頭でっかちになるな。経験に学べ」といくら叱られても、机の上に本を積み上げて読みふける。「近頃の学生は本を読まなくなった」と嘆かれる先生がたは、そのようなのが学生の姿だと考えておられるに違いない。「読書の勧め」は啓蒙時代の運動だが、どれだけ効果があるものだろう。私が学生のころは、「学生と読書」、「学生と教養」といった本には見むきもしなかった。学生が本を読んで批判的になるのを、世間が恐れていた時代だった。踊りたい奴は笛がなくとも踊るものだ。この（東京大学『教養学部報』の）読書の特集は、本好きな先生がたが自分たちの慰めに笛を吹くといったところか。

東京中が落第横丁

昨年の入学試験の問題だったと思うが、自分は学者として研究のため我慢して本に目を通している。だから電車の中などで熱心に本を読んでいるオフィス・ガールが羨しい、といった文章があった。また、室生犀生は、勤め人の娘たちが読んでくれるとき、ベスト・セラーになる。自分の本がその膝の上にのせられると思うと彼女らが観音さまに見えてくる。と犀生らしくいくらか際《きわ》どく書いている。好きなことをして暮らせるのが学者であろうから、この学者は気取っているのだと思うが、とにかく、今日の一番の読書家は、学生よりは働いている娘さんのようだ。

昔は学校の前に落第横丁というものもあったが、古本屋街が育っていた。今は学生の数がふえたのに本屋が商売替えをして、東京中が落第横丁みたいになってしまった。学校というものは、昔のように「都の西北」の森か、「白雲なびく」高台になければなるまい。東京大学という名をやめて筑波山大学にでもなれば、学生たちも駒場の先生がたが望まれるように

「栄華の巷低く見て」と強がりを言って万巻の書をひもとくようになるだろうか。

私が理工系だったせいかも知れないが、昔も読書家と言うほどの人は少なかったようだ。先生がたは「デカルトに帰れ」と説かれ、ルソーの『告白』を語られ、教科書にプランクの科学論が読まれたのだが中野重治が苦々しく歌っているように「フットボールばかり蹴とばしている奴」が多かった。いま彼等は、役所でも会社でも管理職について職場ばかりか社会を背負って立つほどの自信にみち、それぞれの仕事を生き甲斐としている。ゴルフをする余裕はあるが、『家康』や『孫子』の他には読む気持はない。しかし、何十年の人間関係にもまれ、実際の仕事に鍛えられて、人間の幅も奥行もできている。「肥った豚」などでは決してない。そして私は、「痩せていようがいまいがソクラテス」には関心がないというしまつだ。

頭や心を働かす喜び

ところで、子供の本を書いている石井桃子さんが、文字の世界にはいってゆくことの利益の一つとして、「それぞれ成長の段階で、楽しい心の世界を経験しながら育ってゆく」ことをあげている。今日のように映像ばかりが氾濫する社会では、幼いころから思考力を鍛え、想像力を養うことが必要であり、そのために子供の読書が大切だというのだ。「本を読むことは、代りに他人に考えてもらうことだ。他人の考えた跡を反復するだけだ」と言ったショーペンハウエルより、石井さんのほうが読書にたいする読みが深い。肉体の成長が止まった後も、心の成長は続く。

種族保存の役目を果し、生物としての生命は不必要となった後も、精神はなお生み続けてゆく。こうして、言葉の世界、文字の世界が拡大され、承《う》けつがれてきたのだろう。

声変りがすんで無精ひげが生えだすころ、若者たちは、歴史や文化について、宇宙や生命について疑いをもちはじめる。それは、難しい数学の問題に挑んで喜びを感ずる知的冒険の時代でもあれば、異性に憧れる抒情詩の年ごろでもある。育ち盛りの肉体がスポーツを求めるように、成長する知性と情緒には読書が必要であろう。入学試験のために訓練した「読み、書き、そろばん」の能力は、これからは、心の世界をつくりだすために使えるのだ。車に乗ってばかりいて歩かないと足が弱くなるというが、頭も使わないでいると呆《ほ》けてこよう。身体を動かすことが楽しいように、頭や心を働かすことに喜びがある。読書は、山登りのように苦しく難しくて、その代り、思いがけない視界や道が開けてくるようなのが望ましい。面倒くさい、くたびれるから山は嫌だと言う人は縁なき衆生というべきか。

人類は、手を歩くことから解放して、道具を使うようになってから、頭脳の発達が始まったという。ショーペンハウエルは、受け身に読むだけで、自ら考えることをしない学者の読書を攻撃した。往き帰りの電車の中で本を読む娘さんたちや、石井桃子さんの家に集まる子供たちのほうが、新鮮で深い読み方をしていよう。「学んで習わざれば、則ち罔し」といった言葉が昔からあった。古代ギリシアの科学や哲学が衰えたのは奴隷を使って手仕事を蔑んだためと説明される。また近頃は、物理学や数学が抽象化しすぎて発展できなくなったから、具象的な支えを求めなければならない、といった声も聞かれる。実生活や仕事との対応をしりぞけ、事実にたいする感動を失うとき、思考は空虚な抽象におちいり、本の読みも浅くなる。ニヒリスムやシニスムも、しのび寄ってこよう。

生活体験と読みの深さ

私には、建築家でよい生活者であり、読書家ではないが読みの深い友人がいて、先日も建長寺の禅堂を見に行って、中に入ったり、廻りの山から眺めたりしながら、話はオマル・カイヤムから花伝書にとぶ。趣味の話をしているのではなく、これから建てる建物の原理というか、パン種を探っているのだ。読書は生活経験の範囲を拡げ、時には越えていく。

数千年の人類の知恵や感動を記した本には、人間を越えた存在への憧れを語った言葉がある。現代の美術や音楽は、神を失い、自然に背いて、人間を越える思いを止めてしまった。残るものは色や形や音そのものの効果だけであり、末梢神経の刺激にすぎない。文字の世界も例外ではない。意識下の問題を扱う学問や芸術でも、人間性の平価切り下げが行なわれている。物質的な繁栄の時代の特色であろう。

経済の成長を第一とする社会において、人類の魂が偉大であった時代を思いおこすには、読書も一つの方法である。若者の身体を鍛え、心を養い、知力を訓練することを忘れた社会は、軍隊や兵器で仮想敵国から守ってもらわなくとも、内から滅びてゆこう。「学生は本を読みすぎて困る」と言われた時代に育った駒場の先生がたの心配は、もっとものようだ。

「学ばざるを学びて、衆人の過ぐる所に復し、以て万物の自然を輔けて、敢て為さず。」

秋から冬にかけての野山もまたいい。この騒々しい時代には、一日でも一時間でも何もしないで波や雲を見てすごすことが、心の世界のために必要なのではないか。都市の文明の人工世界に馴れすぎて、私たちは、自然という書物を読むことを忘れているばかりでなく、出来なくさえなっているようだ。

山・文明・放牧

――東京大学『教養学部報』自己紹介欄への寄稿

ローマのオリンピックでエチオピアの選手が裸足で走ったことを、わが国のアナウンサーが笑いの種にしていた。確かに靴をはいて車に乗ることは文明の進んだしるしであろう。町の人々は今でこそ履き物や乗り物を当り前と思っているが、私が小学生のころは、越後の田舎では子供たちは裸足でかけまわっていた。それから半世紀もたたない今日、私の子供たちは、芝生に裸足でとびだしただけでも、汚れるといって母親に叱られる。私は、子供たちが野山で真黒になって遊んでくれればいいと思うのだが十年たってもまだ妻をそのように洗脳できない。私が頑迷なのか。文明の魅力が強すぎるのか。

祖父が誰かに「山でも見ていろ」と言っていたのを思い出す。中学から高等学校まで、家でも学校でも、窓からは山しか見えない信州で過した。

学校を出ると「惰弱《だじゃく》な」私は、軍馬、軍犬、軍鳩より下の位といわれた軍属となって、今のベトナムに行った。閑《ひま》なので山を写生したり、海で泳いだりしている間にカードゲームのブリッジに強くなり、司令官に呼ばれるほどになった。司令官舎から見はるかす牛のいる夕暮はよかった。そして、鉱工業は野山を荒らすが農牧業は風景を整え、人の心を和げることを知った。

山歩きをするようになったのは、戦後、東京に出て会社勤めするようになってからであるが、「町には住めないからに」といった山男の歌は歌うことはできない。

この学校に来て気づいたことであるが、図学は、山を眺めたり裸足で歩いたりすることの全く反対である。百六十年も前ガスパール・モンジュは、「フランスの工業を盛んにするため、図法幾何学を教えなければならない」と説いた。こうして、ナポレオンの砲兵はヨーロッパを征服しようとして失敗した。わが国の富国強兵はドイツの科学を当てにして挫折した。

現代の社会は、工業技術の進歩と経済の成長の他には目的をもたないように見える。そして、近代文明を信ずる建築家は、自動車道路と高層建築によって海を埋め立て、山を崩すことを提案している。私はヤソ教徒ではないが、先日子供と讃美歌を歌っていたとき「おのが知恵と力におごる黄泉《よみ》の長はおぞまし」という文句に出遭った。このような気持は、踵《かかと》や爪先のとがった靴をはかせる文明を好む人たちには縁がない。

山小屋を一つ設計した縁で、数年前から国民休暇村協会の嘱託をしている。この協会は休みの日に誰もが自然公園のなかで過せるような施設をつくる組織である。冬のあいだ建物の中においた牛や羊を野山に放つ必要があるように、都市に閉じこめられた現代の人々は、海や山にときどき放牧されないと、肉体ばかりか心まで衰え、文明そのものも滅びよう。牧人の器でない私は、牧場の施設をつくる手伝いをするといったところか。

子供と自然環境

この夏、信州の山裾《やますそ》にある敷地を見に行く機会があって、小学生の孫二人を連れて行った。ゆるい傾斜地の雑木林にある家に入ると、子供たちはじっとしていることができず、外に跳《と》び出して、虫を探す、木に登る、揺する、駆け回る。なにをしても叱られなかった。

ふだんは集合住宅の八階にいるときは、テレビゲームや漫画に夢中で、飽きれば暴れたくなるのか、二人で取っくみ合いの喧嘩《けんか》を始めて母親に叱られる。

しかしここでは、自然の中で二人は仲良く、存分に身体を動かしてだれにも叱られない。好奇心も活発で蛙を見つけては、水場がないのにどこでオタマジャクシが育つのか不思議がり、鎌のないカマキリを捕まえて、本で得たことを確かめる。

翌日、わさび畑を訪ねたことも、子供たちには思いがけない喜びであった。鯉やフナなどの泳いでいる澄んだ冷たい流れの中に素足で入って、自由にじゃぶじゃぶ歩き回る。釣り糸を垂れて、期待に胸をふくらます。一尾もかからなかったが、楽しい経験であった。

私たちが小学生のころの農村の子供は、きいちごを採り、栗を拾い、篠竹《しのだけ》で釣竿をつくり、桑の枝をたわめて弓をつくるなど、遊びの中で、いわば狩猟採集の時代を通過していた。もちろん、田畑の仕事の手伝いや幼い弟妹の子守、牛馬の世話などもさせられた。

人間が母親の胎内で卵から発達して赤ん坊になるまでに、魚に似た形の変化をとるなど進化の過程をたどるように、子供のとき、自然の中での遊びを通じて狩猟採集や農耕など人類の生活文化の歴史を体験することは、子供の身体や心の発育にとって、学校の勉強や体育とは違った意味をもつものであろう。

かねて田舎に住みたいと思っていた私は、上の子が小学校に入るとき、現在の柿生の地に住むことができた。斜面の青い麦畑の上にひばりが囀《さえず》り、紫のれんげと黄色の菜の花畑のむこうに丹沢の山が望まれた。私は花を植え、きゅうりを作った。秋は道のすすきが美しく、冬は水田に氷が張って子供たちが遊んだ。

息子は村の子に苛《いじ》められ、進学校でないことに不満であったらしいが、結局、所帯を持つと近くに住みたいと言ってきた。しかしそのころは、雑木山は崩され、休耕田とされたところも建物で埋まり、川はコンクリートで固められ、排水で汚れて、水遊びどころか、蛙も蛍も消えた。頬白《ほおじろ》の声も、じょうびたきの姿もなく、子供たちの歌も笑いも聞こえない。

農業を捨てて土地を金に代えた社会は、数百年かけてつくった自然と調和した生活環境を数十年の中に消滅させ、子供の身体の発育に重要な遊びの場を奪ったのである。

一九六〇年代のデンマークの建築雑誌に、広い水面と林を前景として五棟の高層住宅が並ぶ写真を見て、その素晴らしい環境を羨ましく思ったことがある。

しかし七〇年代に入ると高層住宅は姿を消し、低層の連続住宅をどのように集めるかが問題となり、人びとの触れ合える広場を囲み、周辺のどこかに池や林を残すものなどが多く見られるようになった。

高層から低層に変わったのは居住者の好みに従ったからであるが、理由の一つとして、高層に住む若い母親は、まわりに魅力的な自然環境があっても、子供だけ外に出すことをためらい、自分も出ようとしない、ということであった。

都市に住む人が急激にふえてきた今日、子供の身心の成長のために必要な自然環境を、どのようにして日常の生活の場の近くに確保するか、私たちも考えなければならない時がきたようである。

焚き火と暖炉

団地を廻って野菜などを売るトラックのスピーカーが歌っている。

「焚《た》き火だ、焚き火だ、落葉焚き」

団地には街路樹とツツジの植え込みがあるだけで、落ち葉は清掃屋が生ゴミとして処理し、生活の詩などどこにもない。

「あたろうか、あたろうよ」

歌は流れても、子供たちはいない、塾かサッカー教室か、水泳スクールか。売る野菜にも温室ものがふえて季節の違いがなくなったように、子供たちの生活にも季節感が失われた。焚き火で焼くイモよりドーナツの方が甘かろう。鼻たれ小僧も霜焼けの手の子も病院に連れて行かれよう。

「さざんか、さざんか、咲いた道」

久しぶりに聴く歌に、サザンカの生垣《いけがき》にミソサザイの来る晩秋から初冬の一昔前の郊外の住宅地を憶《おも》い出した。

そのような郊外で育って、焚き火の好きな友人がいた。一緒に山歩きをしていると、必ず焚き火をしようと言いだした。田舎育ちの私は山火事の怖さを知っている、山で火を使ってはならないと教えられていた。川原ならいいが、いつも後始末には用心をした。

しかし、雪山での焚き火は文句なく楽しむことができた。中学の登山部の先生がリーダーをされて、スキーを着けて登る山行きに参加したことがある。昼ごろ、風の来ない場所を選んで皆で雪を踏み固め、三メートルほどの円座をつくる。モミかツガなど青葉を敷けば、腰を下ろしても濡れない。枯れ枝や枯れ葉を集めて、中央に火をつくり、だれかが背負ってきた大鍋に肉や野菜を入れる。二十人足らずのパーティーには程よい大きさである。食べ終わって歌を歌い、ウクレレで伴奏をする。ガスと電気の時代の子供たちが、氷河時代を生きた人類の喜びを体験するのである。

セントラル・ヒーティングやエア・コンが現れて、火鉢やこたつが姿を消し、茶の間がリビングやダイニングに変わって、テレビが登場して、家族の団欒が消えうせた。

以前は、火鉢に炭火がおきて鉄瓶が鳴り、茶のときには家族が集まり、客も招かれた。茶菓子がなければ漬物があった。こたつに入れば、カルタやトランプで遊んで、ミカンを食べた。祖母から折り紙やあや取りを習ったのもこたつである。

しかし核家族化、少子化が進み、母親が働きに出て、家の中は火が消えたようである。

「いろりの端に縄なう父は……。きぬ縫う母は……。いろり火はとろとろ、外は吹雪」と、農家の貧しくとも人間的な暖かさを歌ったのは、私たちが、子供のころである。それを犠牲にして、その後の進歩と豊かさは、どんな人間的な意味を得たというのであろうか。

アメリカの建築家ライトは、日本にいたとき「朝鮮の間」に招かれてオンドル（床下に熱い煙を通す）の暖かさに感激し、帰国して温水を通す床暖房を考えたというが、その前に、燃す暖炉を復活して、団欒の中心としていた。

わが国でも、床暖房は吉村順三さんなど戦前から試みる建築家がいて今日ではかなり普及し、燃す暖炉はライトに学んだ遠藤（新、楽、陶）親子ばかりか、何人か、好んで造る人がいる。

戦後間もなく、小さな山小屋の設計を任されて、ライトのことは知らなかったが、私も暖炉を造ってみた。電気もなく、ランプの下で白樺の燃える火を囲んで語り合い、小屋の主の好きなチェロなど手廻し蓄音機で聴いたりした。少人数の施設だからできた贅沢であり、その雰囲気を愛して常連がふえた。

家の中に火を取り戻す手だてはできた。問題はどのように団欒を回復するかであろう。

山歩きと山小屋

有名な登山家が「なぜ山に登るのか」と聞かれ、「山がそこにあるからだ」と答えた、という話がある。北アルプスの見える松本の旧制高校では、他の地域からの人たちが半数以上を占め、なかに、山が好きだから来たと言う都会育ちの若者が何人かいた。田舎育ちの私は、「君たちは山がそこにないから登るのだね」と冗談を言ったものである。

事実、私も東京に住み、働くようになってから、週末には丹沢や秩父の山や沢を歩き、夏や正月の休みには信州や東北へ、寝袋を背負って高い山に登り、スキーをかついで山の湯の宿に行くようになった。

山村暮鳥の詩に、こんなのがある。

おーい、雲よ、
ばかにのんきそうじゃないか、
ずーっと磐城平まで行くんか。

町の中のビルの何階かにいると、このような自然の中での無為な時間が恋しくなる。そして山に行く。「とにかくお前は健康だ、単純だよ」と、ボードレールと酒を愛した都会派の友人からよくからかわれた。いま、この友人はいない。

この山歩きが幸いして、山小屋の設計を頼まれた。学生のころ行ったことのある蔵王である。戦前は旧制山形高校の避難小屋のような「コーボルト・ヒュッテ」があるだけで、戦後ようやくドッコ沼に県の「山の家」ができた。その沼の上方に、市の厚生施設として二十人ほど入れる小舎を作るという。ブナ林の中なので「ブナ小舎」と名づけた。

「山の家」は大きなカイコ棚の寝部屋に薪ストーブを置いたが、「ブナ小舎」は二人部屋を設け、食堂に大きな燃す暖炉を造った。それだけで小舎全体が暖まり、煙突の通る屋根裏の布団置場は快適で、学生たちの居つく巣となった。二人部屋は、カイコ棚を工夫したので三人部屋ともなり、空いた日は一人部屋として読書や仕事の机代わりに厚板一枚を窓際に取り付けた。小舎の主人の配慮である。

雪に魅入られて登って来る人たちであり、石油ランプの下で暖炉に燃える火を囲んで語り、手廻し蓄音機で音楽を聴いた。

この小舎の主人の縁で、私は、当時できたばかりの国民休暇村協会の嘱託となる機会を得た。国立公園に、だれもが自然の中で休暇を過ごすことのできる施設をつくるという、私には打ってつけの仕事のように思われた。乗鞍高原、岩手山麓、蒜山原《ひるせんばら》などを歩き廻って、宿舎やキャンプ施設などを楽しく構想した。

しかし、やがて高速道路が通り、リフトやゴンドラが設けられると、登山者が観光客に変わり、宿舎にディスコが入って、私は用なしとなり、協会の嘱託を辞退した。

その代わりのように、この協会の元理事の紹介で、慶応中等部の「山の会」から小屋の設計の相談を受けた。相変わらず重いザックを背負って登り、天幕を張って飯盒炊《はんごうすい》さん、と聞いて私は元気づけられた。しかも戸隠である。そこと飯綱は、私が中学のころ長野の家から日帰りか一晩泊まりで歩いたところで、水芭蕉の咲く湿地やカタクリの花が一面に開く林がある。設計は心弾んで進んだ。

それから三十年、大切に使われ、今年その祝いがあった。しかし、そこを訪れたアメリカの若い建築家が「この家の良さは内部の空間構成にある」と言ったと聞いて驚いた。

確かに私は、寝棚のある二階と下の食堂とタタミ室を一つの空間として美しい断面とし、一面に戸隠が望めるようにした。しかしいまの日本の建築界では、アメリカのポストモダンの影響もあって過剰な造型が流行している。この建物のような自然で単純な室内構成の良さを感じ取る若い人がいるとは意外であった。救いと希望を感じ、勇気づけられた。

松高（旧制松本高等学校）は何であったか

——旧制松本高等学校の卒業生の同窓会誌『縣』への寄稿

松高は、田舎育ちの私には、西欧の思考と都市の文化に衝撃を受けた場所であった。

最初の時間が「倫理」であったと思うが、鈴沢さんがまず「パスカルは言った、人間は考える葦である」と口述され、私達は筆記を始める。人間は弱い者であるが、自分が死ぬ存在であることを知り、自分を超える存在があることを知るゆえに高貴である。そのように考えるところに人間の尊厳がある、といった要旨であったろうか。念仏を唱えていれば救われる、と信じていたおばあさんに育てられた孫には衝撃であった。

パスカルを読もうと鶴林堂に出かけ、『瞑想録』の翻訳を見つけた。「幾何学的精神と繊細の精神」について論じた数節が印象に残った。発行所の白水社の洒落た装丁に惹かれてフランス文学の訳書を読み散らし、ヴァレリーの『ヴァリエテ』に出会った。売れ残って表紙が汚れていたが、とにかく求めて、「パスカルの手が見え過ぎる」と「精神の危機」の章にまた違う展望を与えられた。

その学年の冬、二・二六事件があり、寮誌の『思誠』に勝田さんの「デカルトに帰れ」の一文が載った。狂信的になるな、理性的であれ、といった主旨であったと思うが、当時はまだ、ブルジョア経済学など聴いてはいられないといって退学する学生もいれば、また、評判の映画「会議は踊る」で「インテリか、言わせておけ」と嘲ったメッテルニヒの台詞が俗受けしていた時代である。批判的で、疑うべきであることを敢えて説かれたのは、せめてもの抵抗であっただろうか。

とにかく私はデカルトを読み始め、ベルグソンまで読み進んだ。当時、読書に熱心な学生には、『善の研究』や『ツァラトゥストラ』、『正法眼蔵』に人気があったが、どれも私ははじめの数ページで投げ出してしまった。上田敏の『海潮音』によって詩の世界に誘われ、フランス語を内藤濯《あろう》さんの美しい独習書によって夏休みに習い始める。

次の衝撃は音楽であった。寮に入って幾日かした夕方、下の階から美しいテノールが聞こえてきた。「ライゼフレーエン、マイネリーダー」、また別の日には「アーヴェ、マリーイアー」、一学年上の筒井さんであったが、その憧れに満ちた歌声に幾度か聴き惚れている中に、曲を覚えるまでにいたった。

村の小学校のオルガンで唱歌など弾くことを覚えていたので、寮の食堂でオルガンを鳴らしていると、同じ組の富永君が伴奏を入れてくれた。翌日、バイエルの教則本を見付けて、遅まきながら練習を始める。また、寮の集会室で蓄音機を掛けていると、やはり同じ組の土肥君が来てガリクルチのソプラノが好きだと言う。早速、東光堂に行ってポータブル機を手に入れ、試聴盤を借りて来る。そのころ亡命中日本に寄ったリリー・クラウスとシモン・ゴールドベルクのモーツァルトから聴き始めたのが幸いであった。フィッシャーやケンプのピアノ、カザルスやシュヴァイツァーのバッハに身震いしたことを思い出す。歌好きの人はゲルハルト・ヒッシュの感情をこめて歌う「冬の旅」を喜んでいたが、私は青春の苦さを歌った「水車小屋」が好きで、今もピアノの流れるような音と共に耳の底に響いている。

とはいえ周囲は何もかもドイツであり、私の心情と好みは、ドビュッシーやラヴェルやフランクなど、やはりフランスの音に向かって行った。しかし後に下宿で、バッハのインヴェンションをギターで弾く原田君に会う。

その他の「衝撃」としては、ホワイトさんの『ゴールデン・トレージャリー』の講義と、星川さんが『論語』の息抜きに読んでくれた唐詩、勝田さんがドイツ語の教本とされたプランクの『因果律と意志の自由』が挙げられよう。ホワイトさんは英詩の韻律を解説して、リズムの美に気付かせると共に、テニスンやワーズワース、シェークスピアに人生の知慧を読むことを教えてくれた。先生の聖書の講義に出席しなかったことを今も悔やんでいる。

星川さんは王翰《おうかん》の『葡萄美酒夜光杯』を原語で朗誦して中国語の流麗な抑揚と声調を聞かせると共に、胡姫の舞う長安の都の賑わいやペルシャのガラス器の輝きについて語って、地理で習った天山北路を思い出させ、歴史への夢を誘った。

勝田さんのプランクは、西欧の古代からの自由意志の問題を二十世紀の科学の視点から論じたもので、科学論にも親しむきっかけとなる。先生のお宅に伺えばクラシックが聴けると聞いていたが、何十年後の葬儀の日、お宅の庭の木蔭に立ってグレゴリオ聖歌が静かに流れるのを聴いた。

孔子は礼と楽を重んじ、ピュタゴラスは数学と音楽を愛したというが、松高はその「楽」への事始の場であった。

小さな家

朝、あたりを一歩きしようと庭に降りると、あいさつもそこそこに「素晴らしい所ですね」と声を掛けられた。下の家に越して来られた方からである。

日の出前で、東にわずかに残った雑木山の裸の枝を美しく透かして、淡青い空が澄み切っている。静かで、冷気が快い。

私は「雑木林に昇る寒の月、丹沢に沈む夕日、素晴らしい眺めはまだまだあります」と答えた。「日当たりのよい静かな所を求めて、この家を探し当てました」と言われた。

四十年ほど前、コンクリートの都営アパートの四階に住んで、子供たちを田畑や林や川のある所で育てたいと思っていたとき、この敷地の上に新しく家を建てた知人からここを教えられた。南東にゆるく下がる段々畑の地形が気に入って、上下二段を借り、それぞれに小さな家を建てた。下の一つがこの家で、叔母が住んだ。

茶を教えるというので、炉を切り、小さな床の間をつけた。叔母は二輪草やナルコ百合などを植え、鉄線をみごとに咲かせた。やがて杏も花をつけ、通りかかった婦人が、故郷の信州を思い出します、一枝いただけないかと寄ったこともあった。

戦後間もなく私が建築の職についたころは、都市計画に関心をもつ建築家たちは「スプロール化（郊外の住宅地の拡大）はよくない」と言い、左翼的な評論家は「庭付き一戸建て住居を望むのはプチブル根性」と決めつけていた。それらの根拠となったル・コルビュジエの『ユルバニスム』を訳し始めていた私は、そこで説く高層化し集中化した「輝く都市」より、そこで退けられたイベネザー・ハワードの田舎と都会の良いところを結合するという「田園都市」に人間と生活への理解を感じていた。

同じころ、新しい建築を目ざす若い建築家たちは、アメリカの雑誌などに刺激されて、ゆるい勾配屋根や蝶型屋根の軽快な家を建て、軽量鉄骨にガラス張りの構造を試みるなどして建築の雑誌を賑わし、また進歩的、合理主義的な評論家たちは「床の間は封建制の象徴」とか「タタミは非衛生的」と唱え、「食寝分離（食事室と寝室を分けること）」を説いて、在来の家の批判が一般に受けていた。

たまたま遠藤新の仕事を手伝う機会を得た私は、彼の「美の眼目を床の間に集中して、一幅の軸、一枝の花を飾り、後は一なめしの天井、一なめしの壁、一なめしの床とする」という洗練された日本間についての考察を読み、あるいはライトの「無駄を一切省き、材料の性質を十分に表現する」単純で自然な日本のデザインについての観察を知ることができた。

その上、北欧の建築を知る建築家が少数ながらいて、おかげで私は、北国の自然の中での生活を喜ぶ自由な配置のプランや、木や煉瓦などの自然材料を使って新鮮で人間味豊かな近代建築を知ることができた。

ところで私の家は、遠藤新のように独自の様式を創ることができず、タタミや障子が好きなので、在来の家と変わらない。『徒然草』に「家の作りようは夏をむねとすべし」とあるが、冬の朝日も入れたいので南と東を開けた。居間は、天井も壁も板にして、北欧調とか山小屋風と言われるものになった。

しかし数年前、息子の家を建てるため、まだしっかりしていたが取り壊し、一軒に建て直した。法規によって外の板壁は許されず、窓枠と軒だけ木にできた。塩焼きの赤瓦は元のもので足りた。

残った小さな庭で、老妻がトレンディーなガーデニングを楽しんでいる。この庭の花の歴史は、北欧文学の山室静さんに分けて頂いたジンジャーとドイツあやめに始まる。

下の家は叔母が亡くなり、借地を返すとき付けて渡した。多少改造されたが元の姿を保っている。新しく入られた方は「この家は私が来るのを待っていたのです」と言われるほど気に入られたらしい。幸せな家である。

方寸の画中に格闘

画家の丙さんから個展の知らせが来た。パンフレットの余白に、ペン書きで、「何となくゴールに近づいた感じです」とあった。お互いに平均寿命を越えて、いつお迎えが来ても不思議ではない齢である。

とはいえ、そのパンフレットには、「われわれの研究には決して終わりはない。高貴な精神は自己の中に止まらず、常に自分の能力を越えて前進する」と、十六世紀フランスの古典学者モンテーニュからの引用があった。

モンテーニュの『随想録』と言えば、私が高校のとき初めて訳書が出て、そのフランス綴じの本の各ページを切りながら読み進むのも新鮮な喜びであった。

また同じころ、近代フランスの詩人で評論家ヴァレリーの訳書で、「詩作には完成というものがない。常に創作の過程であり、作品とはその限りない営みの中断に過ぎない」といった意味の考察を読んだ。

これら探究する行為を重視する西欧の思考は、中学で習った『論語』の「四十にして惑わず、七十にして心の欲するところに従って矩を踰えず」と円熟大成を讃える教えより、成長する若い心には清新で、共感できた。

丙さんがこの若い心を保っているということより、「私は油絵の具を使っているから」というように、洋画を描きながらこの西欧の思考を体得したらしいことに感嘆する。

数年前のパンフレットに、「日本で風雅を愛する思考には、世界から離脱して虚無の溟洋に滑り行く老衰の傾斜を予感される枯淡の芸術をこそ重んずるというところがある。そうとあれば、ここに、陶酔の老年の芸術があるという分類も不可能ではない」と、今道友信編の『美学講座』からの引用がある。そして昨年もらった葉書に、「小生、世外の人、方寸の画中に格闘しています」と書いてあった。

油絵を描いていても、晩年は、文人画風な遊びとなり、琳派風な装飾画となる画家もいるが、丙さんは、変わらず対象の存在に迫り続けてきたように見える。大地に裾を張る山と流れる大気、山と近景の樹々がつくる空間、また方寸の画中の花なら、薄い花びらの包む立体と空間、それらに言わば「陶酔」し、どう表現するか「格闘」するのであろうか。

しかしそれらの絵は、陶酔や格闘の跡を見せず、張りつめているが安らかで明るい。


いつか丙さんは修業のころを振り返り、「先生に、作れ、作れと言われたが、どうしても作れなかった」と語った。その先生はフォーヴ派の影響を受け、赤、黄、緑の絵具を激しいタッチで盛り上げていた。丙さんは、その画家の迫力に魅せられて師事し、いろいろ学んだことであろうが、穏やかな色調で明確な形を構成する描き方は変えなかった。そのころ、中学の同窓生は「丙さんのスケッチはいいが、絵はどうも」と言っていたから、丙さんなりに絵を作っていたのであろう。

晩年のパンフレットに、「今の世に巧なりと称せられる人の歌、奇なるをもって称せられ、新しい、強しと言われるものを吾は好まず、吾が真に好める歌とては己が歌あるのみ」と会津八一の文を載せ、「現在のぼくの心境を代弁させて頂く」とある。才能にも新奇な形や強烈な色にも頼らず、自ら納得するものを求めて達した境地なのであろう。

若いとき個展で出会った感動的な情景。

俗受けしない画風のためか人の少ない会場の中ほどで、画家は友人らしい人を迎える。

——君、変わったね、よく変えたね。

——いや、やっと油の匂いが分かってきた、と言うところかな。

丙さんは娘さんには苦労させたくないから絵を描かせなかったと言うが、傍目《はため》には、美しいものを求めて打ち込む芸術家の生涯は何と素晴らしいものかと羨ましく思われる。

「ムチャ」と「楽」

戦前の専門学校には、芝浦の高等工芸や千葉の園芸学校のように特色のあるものが幾つかあったのだが、戦後は新制大学に統合されてほとんどは魅力を失った。物理学校は落第させることで知られていたが、東京大学理学部の学生たちが「理学の普及は国運発展の基」と考えて始めたもので、中学校教員を養成した。当時の理学部にフランス人の教授がいたことから、十八世紀末のフランスで工学技術の開発のため理工科学院が創設されたことが思い出される。英才教育の始まりであろう。その物理学校が理科大学となり、今年は創立一二五周年、工学部二部の開設三十周年にあたり、記念誌に思い出話を求められた。建築や教育に関心をお持ちの方のご参考までに、それを補足して記したいと思う。

中学で幾何を習ったのは、物理学校出の教育熱心な先生からである。あだ名を「ムチャ」と言ったのは、無茶苦茶《むちゃくちゃ》に勉強させるという意味であったらしいが、私は問題を解くことが好きだったので、そうは思わなかった。昭和一桁の当時の信州の中学でも、物理学校は入学はやさしいが卒業は難しいと評判であった。

その学校を前身とするこの大学に私が来るようになって数カ月後、私をここに呼んで下さった幸田彰先生と道でばったりお会いすると、先生はまず「勉強できましたか」と尋ねられた。私はこの年になっても「ムチャ」を期待されていることを知り、うれしくなった。

学長の小谷正雄先生は、フランスで学ばれた原子物理学者で、そのころ文化勲章を受けられた。そのお祝いの席で、文部次官があいさつに立ち、英才教育について述べた。それに対して、小谷学長は、「物理屋の発想だが」と断られて、「人間のキャパシティが袋のようなものとすれば、人によって出っ張りや引っ込みの部分が違っている。私は、物理屋の部分が突き出ていただけで、これからは生物屋の部分を出したいと思う。学校は、若い人が自分の出っ張りや出っ張らせたい部分を、自由に伸ばせる環境になればいいのではないか」といった意味のことを言われた。落第させて優等生を作るところではなくなったのである。

やがて、古典学専攻の若い金刺亮介先生が工学部教養に来られ、科学論や技術史、美術史の講義を提案された。理工学の専門教育に人間的な広い視点が加えられたのである。

鎌倉幕府は体制を整えるための儒教の「礼」を取り入れたが「楽」を受け入れなかったように、明治の殖産興業に応じた物理学校に学んだ「ムチャ」先生は、ピタゴラスの定理は教えたがピタゴラスの音楽は語らなかった。

そして建築教育はフランスのルイ十四世時代のパリ美術学校に始まるが、近代化を進める日本では英米にならって工学部に入れられ、工学技術として美の問題は敬遠された。しかし幸田先生は工学博士で絵をお描きになり、パリのサロンに入選されるほどの腕である。そこで、少数ながらデザインに関心を持つ学生は幸田先生のところに質問に行く。それらの応対をお手伝いしたことから、私がこの学校に来ることができたのである。

近代建築史を任された。設計屋として出発した私にできることは、建築の良さを語ることである。近代建築の名作の幾つかを時代の流れにおいてとらえ、それぞれの特性を見出し、建築とは何かを探ることとした。そこで、建築家の書いた文を教室で読んで建築観や状況を述べ、プランにどう表れているかを示し、スライドで建築の美しさを語った。学生にも私にも、豊かな「楽」の時間であったことを、感謝とともに思い出す。

生田勉先生と建築
――退官教授を送ることば

もう十四、五年も前になるであろうか、図学の製図室が第一本館二階の北側の今の半分ほどの広さで間に合っていたころである。何かの用で生田勉先生をお訪ねすると、講義中とのことであった。評論活動では有名な先生が、学校でどんな話をされるのか覗《のぞ》いてみようと、教室を探り当て、後の席に滑りこんだ。黒板にはル・コルビュジエのスイス館の図面があり、先生は例の横向きの姿で、この建物について説明されていた。その言葉には、評論家や歴史家としてでなく、建築家として自分の感動したもの、美しいと思ったものを若い人たちに伝えようとされていることが感じられた。

わが国の建築教育は、西洋の工学技術を移し入れることを第一として始められたためか、建築の良さ、美しさを教えることをしない。建築の芸術的な面は、主観的な判断に属して科学の対象にならないと考えられるためか、計画学にも取り上げられない。したがって、生田先生の時間は、そのような欠陥を補うものとして、教養学部にふさわしいものであった。

当時、先生は『国際建築』の編集委員の一人であり、マンフォードの翻訳をされていた。この雑誌は、ただの商業誌ではなく、戦前は若い建築家たちの発言の場であり、西洋の近代建築の動きを紹介する窓口であった。戦争中は建築も国粋主義やファシズムに圧迫されて、『国際建築』は廃刊となったが、戦後はいち早く復刊され、ふたたび新しい建築や都市計画を探る人たちの拠点の一つとなった。そこでも、マンフォードを通じて技術や芸術について考えておられた生田先生の意見は独自であった。他の方面でもそうであろうが、建築の近代化も技術主義、経済第一に偏りがちであったが、先生は合理主義や機能主義を称する建築の傾向に批判的であった。

やがて先生はマンフォードに招かれてアメリカに渡られ、そこでミース・ファン・デル・ローエと共に今日もフランク・

ロイド・ライトの建築が評価されているのを知って、帰られた後は、その有機的建築についても語られるようになった。

そのころから先生は建築の創作活動に入られ、その部屋に若い建築家たちが集まるようになった。同級の丹下健三先生の建築は記念的な性格が強く、人間の尺度を絶しているが、生田先生の建築は住宅が多いこともあって、いろいろ抽象的な形の実験をされるにもかかわらず、人間の尺度に合って親しみやすい。

先生の友人には、若くして亡くなった詩人建築家の立原道造や、「文人が住み難くなった」といって昨年駒場を去られた寺田透先生が思い出されるせいかも知れないが、先生の設計された建物には、かつての『四季』の同人たちの文学のような、都会的な洒落た抒情が感じられる。それはまた「呉天の雪を思う」心が現れているためでもあろう。

先生が現代のイタリアのデザインに興味をもたれたのは、建築の設計をされるようになってからであろうか。その熱が、研究室の若い人にうつって、イタリアに行ったまま帰って来ない。先生も数年前ローマやミラノなど廻って来られたのに、学校をやめられるとまた奥様と御一緒にお出かけになると言われる。

「晴耕雨読」という言葉があったが、建築の仕事のないときは本を読まれるといった悠々とした先生のご生活は、今後も変わらないことであろう。

武藤章さんを悼む

武藤章さんが突然亡くなった。惜しい人を失った。すぐれた建築家であるとともに、よい教師でもあった。

武藤さんは建築科の学生の頃、天野太郎さんを知り、卒業後二年ほどして天野太郎さんのいた工学院大学の助手となり、開いたばかりの天野さんの設計室の仕事を手伝った。天野さんが「雅子（奥さん）といるより君といる時間のほうが長いよ」といったほど、学校で、設計室で、ふたりが一緒に過ごす日が数年続いた。当時を思い出して武藤さんはこう書いている。「（天野さんは）先生であったが、私にとっては目前の目標であり、また時には説得して己が考えを通すべき敵でもあった。年中、設計上の問題について言い合いをした。新花屋敷ゴルフ場のクラブハウスもそういう雰囲気の中から生まれた。だから、あれは私の作品でもあると思っている」と。

武藤さんは「まだ学生で、たまたま雑誌でライトの作品を見て眼から鱗が落ちる思いがした」といい、そして天野さんはライトに直接学んだ人で、帰って間もなく設計した石川邸にはライトのモスバーグ邸の面影がある。新花屋敷の建物にも、ライトがアリゾナ州の砂漠に建てたプライス邸の柱列を思わせる手法が見られる。しかし、その頃ふたりともに空間の質について論文や随想に書いているから、それらはライトに型を借りたというより、空間のつくり方を学んだものといえよう。やがて武藤さんはアルヴァル・アールトの事務所に行き、天野さんも旅のついでに訪ねるが、アールト風な形のつくり方はすでに新花屋敷の建物にも現われている。後、天野さんは東京芸術大学に移り、武藤さんも独立して、ふたりの仕事の上の協力はなくなった。

天野さんはいくつかの住宅や芸大の建物などで自分の作風をつくり上げたところで病床に臥《ふ》すこととなり、武藤さんも、

右から２人目が武藤氏

工学院の校舎を設計して、これからというときに病に倒れた。二人ともどんなに無念であったろうか。天野さんは若い人を魅了し、武藤さんは学生に敬愛され、ともに建築教育に見識をもった得難い先生であった。その点でも残念である。

武藤さんは立原道造の詩が好きで、その言葉の美しさについて語ったことがあるが、建築に立原の清澄な美しさを求めたのであろう。今年完成した天野邸は武藤さんの最後の作品となったが、そこに入った天野さんは「清々《すがすが》しいね」といったと武藤さんは記している。

天野太郎さんのこと

――吉原正編『有機的建築の発想』のまえがき

天野さんの熱のこもった話は多くの人を惹きつけた。それらの話を書いたものが天野さんの文章であり、天野さんの話を愛する若い人たちはかねてから天野さんの言葉をまとめて本にすることを望んでいた。このたび、長らく天野さんの仕事を援けていた吉原正さんが呼びかけ、それらの若い人たちの協力を得て、天野さんの文章と作品を集めて一冊本とすることができた。本書は、広く芸術やデザインに関心をもつ人たちにとって、一つには天野さんの個性的な気質と教養（学生のころ会津八一の教えを受けた）のゆえに、また一つには天野さんの師事した遠藤新とライトの有機的建築哲学と独自の人生哲学のゆえに、異色な、興味深い読物となろう。

天野さんは、ブラックやニコルソンの抽象画への理解を示したが、話はつねに具体的、経験的であった。音に色を感ずると言い、ベルクソンの哲学に興味を抱いて空間を具体的に感覚し、説明しようとした。ヴォリンガーの『抽象と感情移入』を読んで、抽象空間の恐怖について語り、天野さんの感情移入は思いがけないものに及んだ。一緒にスキーに行って帰ったときは、しばらく教室でも、調理台から食卓への物の流れをクリスチャニアにたとえて説明した。そのころ合理的で評判の住宅書は台所から食事室への動線を短くすることを説いていたが、天野さんの説明は、そのような単なる動きの量の多少や便不便の問題を越えて、心理的、感覚的な反応も含め、折れ曲がり連続する空間のいわば質の変化を楽しむものであった。

天野さんの助手を勤めた武藤章さんは「私はどちらかと言えば知性的なので、天野さんの感性的過ぎる点には閉口したが惹かれた」と言ったが、武藤さんが武藤式に感性豊かであったように天野さんは天野流に知性的であった。天野さんは樋口は原理・原則に立って考えると言ったが、それはまさに天野さん自身のことを言ったものである。

タリアセンから帰った天野さんは、ライトの信念として、「われら民主的少数派よりの非政治的発言――自由にして怖れなき光を掲げる少数派は民主的国民の良心である。われわれの息絶えるとき、民主主義はわが国民の生活から消え失せる」と言う言葉について感動をこめて語った。大勢に同調しない、自由を求める天野さんの気質が、ライトの生き方に触れて、確かな信念となったのであろうか。

戦後わが国の建築界は、国際様式を近代建築の主流として受け入れ、アメリカ型の金属とガラスの構成からロンシャン風な屋根、ネルヴィ式の壁、伝統を唱える細部造型など、表面的、部分的な変化を追ってきたが、天野さんはそれらの流れをよそ目に見て、当時アウトサイダーと見られていた遠藤新やライトから空間や構造の考え方や作り方を学び、自らの気質によって具体的で、人間的なものから発想する建築を探った。したがってその建築観は少数派の意見と言えようが、天野さんは、二人の師とは違って、他を批判せず、論争せず、そしてアウトサイダー扱いされることもなかった。天野さん自身は、タリアセン・ウェストの入口のホイットマンの詩の「すべてを包み、抱き、支え、迎える」という句が好きであった。

天野さんが病いに倒れる前に建てた東京芸術大学の建物は、さまざまな空間や形の豊かさを試みた年齢を過ぎ、ライトの望んだ「安らぎ」（天野さんの好きな表現）を得て、その後の建築界に現れた造型過剰なポストモダンなどの風潮をよそに、端然と立っている。

このように本書は、戦後日本の建築の近代化過程の一面を示す記録であるとともに、ものを創る人たちにとって、個性的であるゆえに普遍的な興味深い手引きとなろう。

ライト夫妻

フェローの宿舎の出入口の青い大壺《つぼ》の前に立つ天野氏、当時34歳

東京芸術大学図書館

東京芸術大学図書館　©橋本久道

東京芸術大学美術学部絵画棟

東京芸術大学美術学部絵画棟　©橋本久道

フィンランド讃

中学のときの地理の授業は楽しかった。熱心な先生で、休みの時間に、黒板に色チョークで地形の成り立ちを描かれる。私たちはそれを方眼紙の手帳に写しながら、地形の性質やそこでの生活の仕方の話を聞く。今日の人文地理の走りである。図が美しく、今も残像としておぼろげながら眼底に焼き付いているが、それらの説明として特に印象が強かったのは、氷河の侵蝕で形成されたノルウェイの深い峡湾とフィンランドの無数の湖の景観についてであった。北極圏の白夜やオーロラの話と結びついて、人間を越えた自然の、何か神秘的なものが感じられ、私のスカンジナヴィアへの憧れがここで始まった。

高校は、東京や大阪など大都市から来た若者たちが半数を占める地方の旧制高校であったので、田舎育ちの私には刺激的で、いわばカルチャー・ショックの場であった。「デカルトに帰れ」と理性尊重を説く先生と、フランスの洗練し退廃した文芸を喜ぶ友人たちに随分啓発された。

建築の学生となって、雑誌に出ているフィンランドの建築を見、それらの清新な美しさに目を見張る思いをし、また同じころ、新交響楽団か何かの演奏会でフィンランドのシベリウスのヴァイオリン協奏曲を聴いて、その烈しいが澄んだ情熱のようなものに引き込まれた。私のスカンジナヴィアへの憧れが、こうしてまた戻ってきた。

当時、昭和十年前後は、日独防共協定が結ばれて、ドイツに従ってか、一部に国粋主義といったものが叫ばれていた時代である。白い四角い、いわゆる国際様式の近代建築がぼつぼつ現われかけていたが、上野の博物館のように寺院の瓦屋根をのせた姿が伝統様式として歓迎され、そして学生の間では、ドイツでナチスに閉鎖されたバウハウスというデザイン学校やフランスで前衛的な運動をしていた画家・建築家のル・コルビュジエのアトリエで学んだ数人の建築家が日本の近代建築の開拓者として期待されていた。しかし私は、フィンランドのアルヴァル・アールトの平面図の合理的で自由な形の美しさ、外観に漂う透明な詩情といったものに感心していた。

戦前からわが国では、フランスは芸術の国と見られていたが、音楽だけはドイツのものと決まっていた。新響でローゼンシュトックという指揮者がハンガリアのコダーイやバルトークと共にフランスのラヴェルの曲を取り上げてはいたが、一般にはドイツ式の演奏とドイツの曲が大勢を占めていた。その中で、フランスから帰国したばかりの安川加寿子さんのピアノを聞いたときは、初々しいお嬢さんであったということもあろうが、その優雅で新鮮な響きにうっとりとしたものである。戦中の重苦しい周囲の中で、そこだけ明るい人間味のある空間があるように思われた。今も「クープランの墓」が耳の奥かすかに鳴っている。それに対してシベリウスの曲は、暗い雲間から日の射す感じがあって、同様に私の現実逃避の時間であったが、もっと荒々しく熱っぽく生気に満ちたものであった。

戦争に負けて、新聞は、価値や規準が失われた、虚脱状態だなどと言っていたが、実際は、大部分の人は圧迫や束縛が無くなってほっとしていたのではないか。建築の設計をしようと思う私たちは、さあ、これからは自由に建築ができるぞと意気込んでいた。建築の雑誌は、アメリカに亡命したバウハウスの建築家たちやル・コルビュジエの消息を伝え、ガラス張りの建築をもてはやした。戦争中はすべてがドイツなら、戦後は何でもアメリカとなった。もっとも戦前から北欧の建築に関心をもつ建築家が少数ながらいて、それについての記事や写真集も出た。私はフィンランドとスウェーデンの雑誌を購読し、アールトが煉瓦と木で美しい建物を建てていることを知って、ますますアールトのファンとなった。今はアールトの設計した椅子と食卓で毎日食事をしている。とにかく、バウハウスなどの工業デザイン指向やル・コルビュジエ式の機械美礼讃は性に合わなかったのである。

そのころ私は吉田鉄郎という建築家に会った。吉田さんは、地味で控え目で、作風は時流を追ったものではなかったので一般受けはしなかったが、逓信省の仕事を通じて、建築の近代化に重要な役を果たされ、大きな影響を残された人である。その吉田さんが、フランスの古典主義的な典雅なオーギュスト・ペレの建築を高く評価されながら、スウェーデンの民族的ロマン主義のラグナル・エストベリの建築について熱をこめて語られる。そしてスウェーデンの建築の特色を情趣の深さにあるとして、グンナル・アスプルンドの映画館の豊かな詩情と繊細な感覚を讃えられた。

アスプルンドはスカンジナヴィアの近代建築の先駆者であって、アールトもその影響を受けているが、その映画館について「これは普通の規準では測れない建築である。その出発点は自然と人間であり、しかも無数のニュアンスをもった情緒をも含めた人間である。人間も含めたこの自然との結びつきが、アスプルンドのすべての建物に見られる」と書いている。また「アスプルンドは、建築の形のまねや構成主義を避け、自然界の形を手本にした」という意味のことを言っている。これはそのままアールトの建築を説明するもので、地理が好きだった私がアールトの建築に惹かれる理由であろう。そう言えば、シベリウスは若いころ林の中や湖のそばでヴァイオリンを弾き、自然の音に耳を澄ませていたという。

ヘルシンキ駅とエリエル・サーリネン

民族的ロマン主義

アルヴァル・アールトが、一九三七年のパリと一九三九年のニューヨークの万国博覧会において木を使った個性的な設計によってフィンランドのデザインの質の高さを世界に示したが、すでにその四十年ほど前、一九〇〇年のパリ万国博覧会でのフィンランド館によって、エリエル・サーリネンがフィンランド民族独自の造型力を世界に知らせていた。

その建物は、十五〜十六世紀のフィンランドの教会堂の造りに倣ったもので、荒い石積みの壁に急勾配の屋根を架けて、内部は、リブに模様をつけた交叉ヴォールトの天井に民族的ロマン主義の画家アクセリ・ガッレン・カッレラの絵が描いてあり、ルイス・スパッレ工房で作った民俗的な家具が展示してあった。そのデザインがパリで熱狂的に受けてレジョン・ドヌール賞牌を得たが、当時フィンランドはロシア領であったため、王朝政権に妨げられて設計者たちに渡されなかったという。ジャン・シベリウスの作曲した「フィンランディア」が民族の心を表現したものであることが知れて、国内での演奏が禁止された時代である。当然パリ万国博覧会にはヘルシンキ交響楽団が参加して、シベリウスの曲などを演奏し、やはり「熱狂的に歓迎」された。

フィンランドは中世以来スウェーデンの支配下にあったが、一八〇〇年代の初めに敗戦によって帝政ロシア領とされた。やがて一八三五年に、民間に口誦で伝えられていた叙事詩を集めた『カレワラ』が出版されて、民族意識が高まり、それが文学だけでなく芸術全般に及んだ。特に青年サーリネンが建築を学んで仕事を始めた一八九〇年代には、この『カレワラ』から主題を得て、ガッレン・カッレラは絵を描き、シベリウスは交響詩を作曲していた。建築や工芸では、古い砦や教会堂だけでなく、農民が生活の中で作り出したものにも関心が向けられ、一八九四年にはガッレン・カッレラがカレリア地方の丸太小屋を模した画室・住宅を建てて、いわゆる民族的ロマン主義のフィンランドにおける先駆けとなった。一九〇〇年のフィンランド館はこのような時代と社会を背景として生まれたのである。

ところで、サーリネンが、理工科学校の同級生のヘルマン・ゲゼリウス、アルマス・リンドグレンと共同の建築事務所を開いたのは、まだ在学中の一八九六年であるが、幾つかの設計競技に入賞して、数年の間に主導的な事務所となっていた。当時を回想してサーリネンは「私たちは、材料の性質に立ち戻り、材料の単純で誠実な使い方を見出そうと努めていた」と語り、フランスの文学者アナトール・フランスもフィンランド館のデザインに「比較的単純で直截的な性格」を認めていたという。サーリネンが、民族的ロマン主義に留まることなく、近代建築に進んだのは、このような考えでいたからであろう。「先駆者には、使い古された古典主義の岩礁《がんしょう》と無目的な新奇な形の渦巻を避けて進むことのできる明快な頭が必要であることは、当時よく分かっていた」とも語っている。

一九〇〇年のパリ万国博覧会にはアール・ヌーヴォーの展示館があったが、サーリネンが、そのような「新奇な」様式に関心を持たなかったことも、この言葉で知られよう。

合理主義

サーリネン、リンドグレン、ゲゼリウスの三人は、一九〇二年に、ヘルシンキから三十キロばかりの所に土地を見つけて仕事場・住宅を建て、近くの湖の名から「ヴィットレースク」と名づけて、家族と一緒に住んで仕事をした。ヘルシンキ駅の設計競技の応募案もここで作られたのであろう。一九〇五年にリンドグレン、一九〇七年にゲゼリウスが去り、その後、サーリネンは一九二二年にアメリカに移住するまでここにいた。その間、ここは、ガッレン・カッレラやシベリウスは言うまでもなく、マーラーやゴーリキイなど、各国からさまざまな芸術家や文化人が訪れ、滞在して、若いフィンランドの芸術活動の中心となった。一九〇九年には、スカンジナヴィアの建築家百五十人が集まって、園遊会を催したという。

このサーリネンの家は、一階は荒い石積みに塗り壁、二階の壁はコケラ板張りであり、大広間では壁の丸太積みと天井の梁組みを室内に見せている。材料について、さらにサーリネンは言う。「私たちを導くものは材料だけであった。私たちは材料を裸で使おうとしたので、ロマンチックと呼ばれたのかも知れない。」

サーリネンは、古い教会堂や農家に民族的な様式を求めたのでなく、木や石の使い方を学んだのである。この大広間は、客や家族が共に食事をし、音楽や談話を楽しむ場所であり、そのデザインには、このような伝統的な建築の作り方によって美しい統一感や力強い表現が得られている。

また仕事室や書斎、寝室や子供室など家族が暮し、働く場所は、壁も天井も単純な平面で構成され、色も明るく、家具にはマッキントッシュやヴァン・ド・ヴェルドに似た形の扱いがあり、当時のヨーロッパの新しい感覚に通ずるものがある。とはいえ、アール・ヌーヴォーのような様式のための様式を求めたものではなく、アナトール・フランスが評したことばを借りれば「比較的単純で直截的」に日常生活の場をつくり出したものである。このことは、書斎や仕事室に設けた裸火暖炉を囲む談話席や、各寝室に造り付けた十八世紀から北欧に伝わるタイル張りの蓄熱暖炉のデザインにも知られよう。

「ヴィットレースク」のサーリネンの家は、新しい表現や近代的な形を探るというより近代生活のために快適で親しみのある空間をつくるという、北欧の住宅のいわば祖型であり、二十世紀初めの住宅建築の傑作である。

この家の庭は、蔓植物をからませたパーゴラや生け垣で囲い、木蔭に腰掛けを置き、芝生の回りに花の咲く灌木や野草を自然の形に配して、魅力ある屋外の場をつくっている。このような家と敷地との関係づけは、後のグンナル・アスプルンドやアールトにそれぞれ独自に発展することになる。

統一感

十九世紀から二十世紀の初めにかけて、ヨーロッパやアメリカにおける近代工業の成長は鉄道の拡大を促して、鉄道駅のデザインが建築家の新しい課題となった。初期の駅は、旅客と貨物を受け入れる場所として直截的に単純に建てられたが、やがて記念建造物的な扱いが求められ、一般に古代ローマの浴場のような形にされていた。フィンランドでは一九〇四年に、首都ヘルシンキの駅の設計競技が行われ、ゲゼリウス、リンドグレン、サーリネンの民族的ロマン主義風な案が当選した。それに対して、「美の新しい価値」という論文を書いたグスタフ・ストレンゲルは「正当な理由もなく古い形を使うことは、毛皮を着て歩き回り、手づかみで物を食い、弓で矢を射るようなもので、愚かなことだ」と批判した。また、ヴァン・ド・ヴェルドに学んだシグルド・フロステルスは、アール・ヌーヴォー風な曲線を使った案を出し、「輸入した外国のもので、あまり魅力的でない」という評で落選したことに対して、「今や鉄筋コンクリートのおかげで優美で柔軟な全く新しい線を創り出すことができる。それは、ヨットや駆逐艦の線の交わりに似た形であり、生命の閃めきと冷静な計算を表現する形である」といった意味の抗議をした。

サーリネンは、同年、外観をさらに単純にし、構造を明確に見せた案を作った。サーリネンが過去の建物を研究したのは、晩年回想して言うように「材料の使い方が誠実であった時代に戻らなければならない」と考えたからで、「古い形」を写すためではなかった。したがってまた、工業時代が来たからといって機械から「新しい優美な線」を借りる必要もなかった。こうして出来上がった建物は、審査員の講評にあったように「形を最高に把握し、識別力ある芸術的趣味によって作られた、大きな魅力と強い個性的な感情をもつ」建築となった。この建物が完成した一九一四年のドイツ工作連盟の年報でカルル・エルンスト・オストハウスがヨーロッパの鉄道駅について論述して、もっとも美しい駅は「偉大なフィンランドの建築家、サーリネンの創造した」ヘルシンキ駅である、と書いているという。殊に、サリヴァン風な半円の大開口部と柱梁を見せた曲面天井によって構成された内部は、力強い統一感があって美しい。

ヘルシンキ駅の設計において都市の交通の問題を扱ったサーリネンは、一九一五年に発表した大ヘルシンキ計画、一九一三年に一等を得たエストニアの港町レーヴァルの競技設計案、さらにアメリカに渡った直ぐ後に作った一九二三年のシカゴの湖畔計画で、自動車交通の問題と取り組み、都市景観に単純で力強い統一感ある表現を与えている。アールトは、それらの都市観には批判的でも、「感傷的でなく、暖かさと快適さへの配慮を忘れない」点は認めている。

近代への橋渡し

一昨年の夏、調べることがあって、戦後間もない時期の『国際建築』誌をめくっていたところ、サーリネン最後の作品、ミネアポリスの教会堂の写真を載せたページが出てきた。この雑誌は、いわゆる国際様式の建築を主に紹介していたが、私は、そのころ過去の建築家とされていたライトの作品などを外国の雑誌で見ると、記事を訳して載せてもらっていた。それが、私の設計の勉強であった。サーリネンのこの教会堂もそのような一つであった。黒白の写真ながら、煉瓦と木の単純な構成の中に情趣が感じられ、祭壇の後ろの壁に横から当てた光が美しく、目蓋に焼き付いていた。

それから数週間して、ライトの建築を見に行く団体旅行に加わって、ミネソタ州のミネアポリスに着いた夜、私の友人を訪ねて来たアメリカ人の建築家が「これからサーリネンの教会堂を見に行かないか」と言う。思い掛けない機会が来たことに驚き、私には、『国際建築』誌のこの教会堂のページが出てきたことが前触れであったように思われた。

この建築家は、この建物の工事中に学生として奉仕活動で働いていたとき、現場を見に来たサーリネンが、昼休みをしていた職人のコテを借りて、音響効果のため波打たせた煉瓦の壁の一部を積んで仕事の指示をしたことを語ってくれた。この教会堂は構造がそのまま建築になった建物であるが、一種の情趣が感じられるのは、このような細部にまで職人としての目が届いているからであろう。サーリネンがゲゼリウスとリンドグレンと組んで仕事を始めたときに、事務所には家具や織物の職人、金工、陶工も含まれていたという。「それは、私にとって最も貴重な勉強であった。私はデザインの全領域に目を向けた。それまで、家具のデザインは建築家の仕事の領域ではないと一般に考えられていた。」

サーリネンが伝統的な家具や工芸に関心をもったのは、建築の構造の場合と同じに「材料の使い方が誠実であった時代に戻らなければならない」と考えたからであった。その点で、サーリネンは、民族的ロマン主義やアーツ・アンド・クラフツ運動から免れて、近代建築の開拓者となることができた。しかし、この実地の経験に学ぶ、材料の性質から形や構造を発想するという態度は、いわゆる国際様式の建築家たちとは違っていた。また、外観にも内部にも親しみやすさや暖かさとともにある力強い統一感が認められることも、サーリネンの建築に独自なものである。

ミネアポリスの教会堂が建てられた二年後、サーリネンが亡くなった翌年に出版された『エリエル・サーリネン』という本の前書きに、アールトはつぎのように書いている。

「エリエル・サーリネンの大きな功績の一つは、一般のロマン主義的な指向が強かったとき、彼は感傷的なロマン主義に向かわなかったことである。また、一般の思潮が冷たい理性的な方向に進んだときも、彼は、単なる合理主義の方には行かなかった。」「仕事にたいする彼の誠実で論理的な態度のおかげで、フィンランドでは、新しい建築と古い建築との間によくある対立は現われなかった。」そして、伝統を現代の建築に結びつけ、新しい建築を社会に融合させるという「橋渡し」をサーリネンはフィンランドと同様にアメリカでも行なった、と。

子のエーロ・サーリネンの建築は、父のエリエルの仕事をさらに発展させたものである。

アールトは、サーリネンのフィンランド時代を「正確な観察を行ないながら自分の考えを試していた」実験の時期と呼び、そこで得た知識をもってアメリカに渡り、「より自由な条件のもとで、より大きな建築の問題と戦いながら」生涯の仕事の半分を成し遂げた、という。サーリネンは、戦前のアメリカでは、いわゆる国際様式とは違った暖かみや人間味のある建物をつくる近代建築家として評価され、彼のいたクランブルック学園の技芸学校は近代デザインを教える数少ない学校の一つとして知られていた。戦後、殊に彼の死後は、国際様式が普及したため、彼の名声は忘れられ、近代建築史でも簡単にしか扱われない。『エリエル・サーリネン』が数年前に復刻版で出たのは、スウェーデンの建築家のアスプルンドと同じように見直され始めたためであろうか。

ヘルシンキ駅出札ホール　梁の露出した曲面天井の力強い構成

ヘルシンキ駅出札ホールより入口方向を見る

ヨーラン・シルツ『白い机』を読む

――アールトの青少年期と基本的芸術理念

アールトは、「前に詩を作ったことがあるが、砂の上に書いたので、風がみな吹き飛ばしてしまった。風はよい出版社だ」と、六十歳のとき書いている。それから何年かして、アールトは、自らの「精神の遺書」を書きたいと思い、その手初めとして「白い机」と題する短文をヨーラン・シルツに手渡した。その英独仏訳がアールトの作品集第三の終りにでているが、象徴的な内容をもった散文詩のような美しい文章である。アールトが幼かったころ、測量士であった父は何人かの実習生を預かり、家には皆で一緒に図を描く大きな机があった。それに触れてアールトは言う、「白い机とは何か。それは無性格で無色な平面であるゆえに想像力と熟練から生れるものを受け入れる。白い机は、規制せず、ただ自由な創造に向かわせる。そのような白い机は生涯自分の前にあった」と。

これを読んで、私は、ライトが机に白い紙を張ってユニティー会堂の設計に取りかかった時のことを述べた、自伝の中のやはり散文詩のような一節を思い出した。ライトは、「暖炉に火を焚け。玉ネギを焼け。ピアノはバッハでもベートーヴェンでもよいから弾け。」などと高揚した気分を表現しているが、またアールトと同様に、創造へと誘う白い紙と定規や鉛筆の魅力を讃えて、設計するときの感動を記している。これらふたりの言葉には、彼らの建築におけるように、抽象と具体、観念と経験の緊密で豊かな結びつきがあって興味深い。

ライトは機会あるごとに建築観を語り、晩年には『遺書《テスタメント》』という表題の一冊にその考えをまとめているが、アールトは、自ら言うように建築論をしないで「ただ建てるだけの建築家」であり、最後に「精神の遺書」と題してライトの最後の著書と似たようなものを計画しながら果たさなかった。また、ライトは早くから自伝を書いているので、彼の思考と建築の作り方がどのように形成されてきたかを知ることができるが、アールトは自伝を書かなかったばかりか、シルツによれば、自伝を残す人たちを嘲り、「建築家について書くな、建築について書け」と言っていたためか、アールトの建築観が彼の育った時代と社会によってどのように形成されたか、を描き出したものはまだない。したがって、『白い机』という短文の表題を借りたヨーラン・シルツの近著は、副題にあるように「アールトの青少年期と基本的芸術理念」について知ることのできる最初の資料である。

シルツはスウェーデンの美術評論家であるがすでにアールトの言葉を集めた『スケッチ』（武藤章、坂井玲子、吉崎恵子訳『エッセイとスケッチ』）を出し、アールト設計の家に住み、晩年のアールトと十年ほど親しいつき合いをしていたという。しかしこの本は、エッケルマンの『ゲーテとの対話』のような、アールトの言葉の聞き書きではない、と前書きに断わっている。この論文を書くにあたって、シルツは、アールトの仕事場や家に残された図面や記録、手紙の類を調べ、アールトの家族や学校のころの友人、一緒に仕事をした人たちなどに会って話を聞き、さらに、アールトが幼い時から読書が好きで、晩年も枕元に本を積んでいたから、それら「文学上の友人たち」の考えをも参考にしたという。またシルツは、アールトが評価していた前の世代の建築家ストレンゲリやマルケリウスなどを個人的に知っていたことなどから、本書は、アールトの「基本的芸術理念」の形成を、青少年期の家庭生活や学校教育だけでなく、当時の北欧の建築的状況からも解明することとなった。

全体は三部から成り、第一部ではアールトの外的な生活環境を扱って、まず父方、母方それぞれの数代前まで逆のぼってアールトの精神のいわば祖型を探り、次に、アールトが絵の才能を示したユヴァスキュラの学校やヘルシンキの工科大学での生活と旅行など勉強の時期について述べ、最後に、ユヴァスキュラにおけるアールトの事務所の仕事やアイノ・マルシオとの結婚に触れて、一九二七年夏にトゥルクに移るところで終わっている。アールトがユヴァスキュラを出たのは、大きな仕事の場を求めたためと、「憧れのアスプルンドと新しい友マルケリウスのいるスウェーデンに近い所に住みたいと思ったため」だとシルツは書いているが、そこに、ヨーロッパの新しい建築の動きに反応し始めた北欧の若わかしい感受性を見ることができる。

この年から翌年にかけて、アールトはそれまでの新古典主義的な建築を止めていわゆる国際様式でトゥルク新聞社を建て、ヴィープリ市立図書館とパイミオ結核療養所の設計競技に当選するのであるが、シルツはここで断絶があったと見ず、本書の第二部では、「アールトの作品における中心的主題」と題して、マイレア荘や「フィンランディア・タロ」など後年のさまざまな建築の原理をこの時期の建物や計画案に見て論じている。そして、それらの原理がどのように形成されたかを、アールトのイタリア初期ルネッサンスへの憧れ、北欧の民族的ロマン主義やユーゲント様式にたいする態度、サーリネンやアスプルンドとの交流などによって明らかにし、さらに近代技術と人間、建築と自然環境、文化遺産と近代などについてのアールトの特徴的な考えが、何によって目覚まされ、当時の計画案にどのように表現されているか、をも記している。ここには、シルトが『スケッチ』に集めたアールトの文章からの引用があり、それらが書かれた背景が知られて、いっそうよく理解できる。巻末の第三部には、一九二七年までのアールトの作品表として、学生時代の課題作品や設計競技の応募案まで拾い上げて簡単な説明と主要な図をつけ、またアールトの仕事室に保存されている資料は整理番号を記して研究者の便宜を図っている。

ライトの自伝が自己讃美の書のように見えながら、アメリカの社会と自然がどのように独自な建築を創り出したかを語る記録となったように、本書は、アールトの個性的な建築理念の源を探りながら、北欧の歴史と自然がどのような近代建築を発展させたかを描き出すこととなった。アールトは個人崇拝を嫌ったというが、シルツはそれに答えたと言うべきであろう。

原著はスウェーデン語であり、アールトはシルツとスウェーデン語で話したというが、『白い机』の原文がフィンランド語であったかどうか、まだシルツには確かめていない。

一息入れませんか

――椅子の絵本と読本　島崎信『美しい椅子』、『椅子の物語』

『美しい椅子』と題して「北欧四人の名巨匠のデザイン」、「日本人の独創」、「世界の木の椅子」、「鉄の椅子」の四冊組の魅力的な小型本が二年前に出たが、よく売れているという。

その「まえがき」で著者は言う。「いま日本では椅子への関心が高まり、北欧の暮らしやデザインに興味を持つ人が多くなった。これは、人びとが、物質的な豊かさを経験したが精神的な豊かさや質の高さとは程遠いことに気づき、そして北欧の人たちが質素だが人間の本質に関わる生活を営んでいることを知るようになったからではないか」と。

『美しい椅子』の四冊は、まさにそのような風潮に応えたものであるが、著者がデンマークで学んだ椅子研究の第一人者で、家具・インテリアのデザイナーであるだけに、解説は椅子の造りや材料など具体的なことから作者の人間や考えなどと社会的背景にまで及び、内容の充実した質の高い案内書とも、実際的なデザインの手引書ともなり、また著者自身の写真によって、それぞれの椅子のデザインの特質や美しさを鑑賞できる美しい絵本ともなっている。続刊が予定されているので、全冊揃えば、二十世紀の市民生活が育てた椅子を系統立てて集録した言わば誌上博物館として永く重宝されるであろう。

『美しい椅子』が絵本とすれば、同じ著者による『椅子の物語』は、読本として一読をお勧めしたい。独自の人間理解とデザイン観によって好エッセイ集となっている。

前半の「椅子のある情景」では、著者自身の写真によって読者をさまざまな情景に案内し、それぞれの時代や社会の椅子の使い方やデザインに目を開かせ、後半の「名作を考える」では、近代の優れた椅子の幾つかを示し、その特質や美しさに目を向けさせる。

前半の章の幾つかを見てみよう。

椅子の歴史は古い。アテナイの古代の円形劇場の遺跡では、巨大な摺《す》り鉢状に取り巻く階段席の中央にただ一つ大理石の肘掛け椅子があり、背の鷲の翼と肘掛け前面の獅子の脚の浮彫りによって、ポリスの最高位の席であることが知られよう。椅子が権威の象徴として始まるとする説の根拠の一つである。後に法王や国王の玉座が現れ、今日でも市長や学長の椅子は贅沢な造りである。

しかし、庶民の仕事や休息のための椅子の歴史も古い。中国の河南地方では、早くから、生活用具のすべてが特産の竹で作られ、その竹の椅子のデザインがかつて上流階級の紫檀や黒檀の椅子の原型となったという。

近代の市民社会では生活が多様化して、椅子の使い方もデザインもさまざまである。ルネサンス文化の栄光を伝えるヴェネツィアの観光客で賑わうサン・マルコ広場では、アーチ廊の下のカフェ・テラスに毎朝早く並べられる軽快な曲げ木の椅子は、十九世紀ウィーンの新興市民の日常生活のため開発されたトーネットの椅子である。ぶなの細枝の性質を利用した構造だけのものであるが、簡素で美しく、丈夫で使いやすいので、国境や時代を越えてよく売れ、親しまれている。

そして著者が世界で一番美しい美術館というルイジアナ近代美術館は、海峡を望む敷地の起伏に合わせて建物を増設して廻廊で繋いだもので、テラスに椅子があり、芝生に彫刻があって外にいるのも楽しいが、内部では、近代のイタリア彫刻やフランス絵画を鑑賞し、窓の外の庭や海に目を休める要所要所に、二十世紀デンマークの椅子デザイナーたちの名作を配置して優れた建築空間としている。

今日では、大量輸送手段が発達して交通量が増大した大都市の空港では、建物が巨大化して人間の尺度を越えているが、コペンハーゲン空港の搭乗口の前の待合所では、住宅の居間や事務所の応接室で使うハンス・ウェグナーの布張りの椅子を数脚ずつチーク材の小卓の廻りに置き、ヘニングセンの照明器具を吊るして、親しみのある空間をつくり出し、航空会社の宣伝する「快い空の旅」を予感させている。

それに対し、飛行機が日常の乗物となったアメリカの地方の小都市の空港では、飛行機も施設も小型化して、地方的で、手作りのところが、国際空港の先端技術による大架構や工業材料による没個性的なデザインを見慣れた目には、昔懐しく、新鮮にさえ見える。ノースカロライナ州のある町の空港では、チャールズ・イームズの色プラスチックによる背と座と肘の一体成形をクローム渡金のパイプで繋いだ椅子を並べて、洒落た近代の機能美を見せていた。

こうして著者は、北欧の伝統的な木の椅子の代表格ウェグナーとアメリカの先駆的な工業デザインの第一人者イームズを対照的に紹介する。

他にも、船大工が残材で作った波止場のベンチに掛けた老水夫の祭の晴着姿にかつて貿易と漁業で栄えたアムステルダムの外港の村の昔を偲び、あるいは、ロダンの弟子のカール・ミレスの家の彫刻の庭では、池の水面のイルカの背を跳び渡る人像の動きが、テラスの鉄の椅子の背の曲線とリズムが合うのを見て喜ぶなど、著者の目は広く、関心は多様多彩であり、すべてを伝えられないのが残念である。

後半の「名作」の諸章ではどうか。

まず、過去の生活から生まれて近代に生き残った椅子として、アメリカのクェーカー教徒の、虚飾を排して簡素を求める生活信条によって必要な部材だけの単純な構造ながら貧しくなく気品のある椅子と、イギリスの農民の座板に背と脚の棒を突き差した素朴な椅子を洗練させ、仕事を分業化して安く大量にロンドンに送り出したウィンザー・チェアとすでに述べたドイツの職人が伝統的な曲げ木の技術で作ったトーネットの椅子の三つを挙げる。

近代技術による金属の椅子では、一本の鉄パイプを折曲げて背と座と折敷く脚とするキャンチレバー構造の椅子は、早くから何人も試みているが、マルセル・ブロイヤーの「チェスカ・チェア」が今日も親しまれているのは、背と座を藤張りとした仕上げのよさとブロイヤーが「人びとの望む機能と美に真摯《しんし》に応えた」ことによる、と著者は言う。

ブロイヤーの金属の椅子に刺激されたアルヴァル・アールトが、療養所や図書館の椅子を木で作ったのは、金属の冷たい感触や固い響きが病人や読書に望ましくないと考えたからで、フィンランドの主要な資源の森の木を利用することとなり、家具に適さない樺材を合板や積層材にして使った。「パイミオの椅子」は、背と座を弯曲させた合板とし、肘と脚の折敷きを曲げた積層材として、その弾力を持たせた明快な構造と力強い曲面と曲線による構成は、すべての比例の美しさによって、多少の掛け心地の悪さを割引いても、今も輝きを失っていない。

ここで著者は、アールトが自らデザインしたものを製作・販売するアルテック社を合板製作者と後援・出資者との協同で設立したことに触れて、どれほど優れたデザインも、それを実現する技術を開発する人、商品化する戦略と資力を持つ人、芸術を理解する人を得なければ、世に出ることは難しいと説く。

デンマークの椅子デザインの黄金時代からは、ウェグナーとフィン・ユールを挙げる。

芸術大学でコーア・クリントに古典を学ぶことを教えられたウェグナーは、中国明代の椅子のスリムな構成と繊細な曲面の感触と釘も接着剤も使わない巧みな木組をデンマークの伝統的な職人の仕事によって「チャイニーズ・チェア」に再現し、さらにアメリカで椅子の中の椅子「ザ・チェア」と呼ばれた「ラウンド・チェア」の独創に達し、量産化して、日本人にも親しまれる「Yチェア」を得た。

著者は、留学中の実習で塗装したYチェアを持ち帰り、それが三十五年の使用に耐えてオーク材の膚《はだ》がなお美しく、それと共有した生活の歴史による豊かな気持について語る。

ウェグナーと同じころ芸術大学に学んだユールは、古典によらず生活から発想して、彫刻的な美を求めたが、木の性質を知って使い、細部の造りに気を配った点ではデンマークの伝統に従っていた。

彫刻的表現を「FJ四五」の椅子で見れば、前脚から肘に連なり、背と後脚に分かれるマホガニーの木部の流動的美しさ、そして前脚と後脚を繋ぐ貫の上に浮かせた布の包み張りの背と座の薄い軽快さはどうであろうか。腰を下ろせば、ゆったりと弾力性のある掛け心地のみごとさ、まさにデンマークである。

ユールの自宅を訪ねた著者は、その家の発想が生活の場の椅子の配置から出発して全体のプランへ、外部の空間へと進み、外観のさりげない表情に対し、内部は白一色の中に木部のマホガニー色と布類の緑色によって密度の高い空間が構成されていた、と語る。

木の椅子の極限に挑んだものとして、イタリアの建築家ジオ・ポンティの最も細く軽い椅子「スーパー・レジェーラ」を挙げる。著者が芸術アカデミーに在学中、主任教授がイタリアの旅で持ち帰ったという。

アッシュ材で作り、脚は断面が二等辺三角形で、太いところで三十八ミリ、細いところで二十八ミリ、座には藤を編んで張る。藤を張るとき水を含ませるので、乾燥すると縮んで座枠を歪ませ、脚が一本浮く。しかし腰を下ろせば体重によって全体が変形して身体を支え、脚は床に着く。この軟構造は、理論ではなく、経験によるものであろう。

ゴッホのアルルの室内の絵に見る農民の椅子を原形とする椅子が水を飲むコップとすれば、「スーパー・レジェーラ」はワインを賞でる脚の細い薄いグラスであろうか。掛ければ壊れそうな椅子が四十年してなお製作され、売れていることに、著者は、椅子のある生活の奥深さ、多彩さを感じ、使われる物と使う心の関わりの豊かさに文化を見る。

終りに、「掛けて見ませんか」と名作の椅子の展示会をした著者らしく、使い慣れた椅子の一つ、エーロ・サーリネンの「ペデスタル・チェア」について言う、書き物をするとき資料を手さげ袋に分類して身の廻りに置くが、この椅子の一本脚は邪魔にならず、書斎や事務用の廻転椅子より都合がいい、と。

この椅子をＴＷＡ空港のために設計したサーリネンは、椅子も卓子も四本脚で、何組もあれば脚が繁雑なので一本にして整理したと言うが、背と座と肘を一体成形したように脚も一体化したかったのであろう。この空港の建物も壁と屋根が一体のシェル構造である。著者は、その構造が人の動きに沿った内部空間を包んで外部の形となっていることに触れて、中欧の近代建築が外部の構造から内部の空間に進むのに対し、北欧出身のサーリネンも、アールトも、フィン・ユールも、人間の生活の関わる内部空間の構想から外部の表現に至ると述べ、著者自身の建築観を語っている。

他に、マッキントッシュやリートフェルトの椅子の造型、ヤコブセンやイームズの一体成形の技術、新居猛の折りたたみ椅子の工夫など、著者独自の見解と興味深い話があるが、残念ながらすべてを語る余裕がない。

「公園の赤いベンチ」の章で、著者はオスロで用件の合間に自由な時間を見つけて通りがかりの公園のベンチに腰を下ろし、黄葉した林と芝生に舞う落葉に北欧の秋を満喫、思いに耽ったことを述べ、忙しい日常のなかにこのように見出されるひとときは、不断にない体験や観察によって実り多いものと説く。まさにこの本は忙しい人びとに「一息《ひといき》入れませんか」と誘う公園のベンチに似て、思いがけない展望や考察に導いてくれる。

今日、建築は、インテリアや家具などが分化して、外壁のデザインか造型だけに化したかに見える。この本は、椅子の話を通して、建築と生活の全体を見る目を取り戻させてくれよう。絶版なのが惜しく、再版を望む。

私の訳した本

——工学院大学建築学科の校友会誌のために

背景——工学院大学と私

戦後二年、私は鹿島建設の建築設計部に入った。そこで天野太郎さんと出会い、よく東光堂に外国の建築書や建築雑誌を見に行った。やがて『国際建築』誌で外国雑誌の記事の翻訳を手伝うこととなり、イームズなどの新しいデザインとともに晩年のグロピウスやライトの仕事も知った。

当時会社に、吉田鉄郎さんが顧問として見えていた。吉田さんは、合理的な中央郵便局の設計者として知られていたが、私たちには、アスプルンドの青空への憧れやストックホルム市庁舎の水辺の建物の配置や高窓から入れる光の美しさなど、感性的な面について語られた。

また遠藤新さんの教会堂の設計の図面書きに、天野さんを誘って行ったことがある。遠藤さんは、旧帝国ホテルの建設でライトの助手をされた人で、学校や住宅などの修理の時にも私たちを連れて行かれ、建築の考え方や作り方をそれらの建物に即して熱心に教えられた。

そして天野さんは師と頼む遠藤新さんが亡くなられたので、そのまた師のライトの所に留学し、私は、ル・コルビュジエに学ばれた前川國男さんに紹介されて『ユルバニスム』を訳すこととなり、そこで生田勉さんにお会いして、仕事を手伝う機会を得た。

鹿島建設に十年ほどいて、天野さんは工学院大学に移り、私もそこに入れてもらうことができた。

教授は堀越さん、下元さん、六十歳を越えて元気に仕事をされ、助教授は若く正木さん、十代田さん、助手の難波さん、小川さんには日本女子大生が訪れて華やかであった。校舎は体育室、講堂を中にして、外を教室その他が取り巻く北欧型の堅密なプランで、立面は柱梁の構造に四角い窓をあけただけの合理に徹した造りであったがその姿になにか風格があった。晩秋から初冬にかけて、夜学生が集まるころ、屋上から淀橋浄水場の向こうに望む丹沢の山並みと夕焼けは荘厳であった。建築の学生有志と始めた男声合唱は優れた指導者の辻正行さんを指揮者に迎えて目ざましい活動をするまでに成長した。五年ほどして天野さんは東京芸術大学に招かれ、私は、東京大学教養学部に行った。

『フランク・ロイド・ライト』生田勉、天野太郎、樋口清編　彰国社　一九五四年

生田さんは早くからル・コルビュジエとミースを紹介されていたが、ルイス・マンフォードに招かれて渡米され、当時のアメリカの学生の間にミースとライトの人気が半々であることを知って驚かれ、『フォーラム』誌一九四八年ライト特集号を持ち帰られ、ライトの作品集をつくることとなった。わが国の建築界では一般にライトは古いとされていた時代である。その特集号と「落水荘」の発表された一九三八年のライト特集号をもとにし、一九五〇年前後の『フォーラム』誌に発表された新しいものを加え、写真を取寄せて「作品集」とした。いま見ても、ライト晩年の絶頂期の作品を集めた美しい記録であり、天野さんに書いてもらった文と写真も、ライトの生き方と仕事が知られる貴重な資料である。しかし絶版である。

オットー・ヴァーグナー（ヴァクナー）『近代建築』樋口清、佐久間博訳　中央公論美術出版　一九八五年

オットー・ヴァクナーは、オーギュスト・ペレとともに、近代建築史では古いとして片付けられているが、現地で見ればどの建物も今日の建築として生きて使われ、時代を超えて美しい。

産業革命の結果、都市に人口が集中して現れた新しい市民層の合理的、経済的な考え方が、十九世紀末の建築家に及んで、ヴァクナーの建築理論——目的をつかみ、経済的な構造を求め、得やすい材料を使って、われわれの時代の様式とする——となったのである。本書は建築学科の教授について行なった最初の講義をまとめたものであり、仕事の経験が豊かで、都市

問題を重視して広場と美術館の設計に情熱を傾けた人の言葉は、初学者が建築を考え始める手引きになると思い、翻訳した。

ル・コルビュジエ『伽藍が白かったとき』生田勉、樋口清訳　岩波書店　一九五七年

近代都市の過密による生活環境の悪化の問題は、十九世紀の末のイギリスに始まり、イベニザー・ハワードは田園都市を設けて人口を分散することを提案し建設した。

ル・コルビュジエは、二十世紀の始め、都市を集中化し、高層化して建物と建物の間を広くあけ、緑地とすることを提案した。一九三五年にニューヨーク近代美術館に招かれたとき、摩天楼の国ならその提案が実現できることを期待して説いて廻った。本書はそのときのことを記したもので彼らしいアメリカ文明批判となっている。

ライトは当時、摩天楼を、機械と資本制の犠牲にされた人間の墓石であると言い、都市の分散化を計画し主張していたがニューヨーク近代美術館には理解されなかった。

ル・コルビュジエ『ユルバニスム』樋口清訳　鹿島出版会　一九六七年

一九二〇年代初めに提案された近代都市である。

西欧の都市は中世に始まり、道路は歩く人と馬車のもので狭く曲がっていた。産業革命で十九世紀に人口が集中し始め、二十世紀に自動車が現れて、過密化し、交通が渋滞した。

その解決として、ル・コルビュジエは建物を塔状に高く積み上げ、建物と建物の間を広くあけて緑地とし、そこに自動車道路を高架にして縦横に真っ直ぐ通し、建物をガラス張りとした「輝く都市」を提案し、失われた緑地と日光と空気を回復するという。そして一日を仕事、休息、余暇の八時間ずつとして、通勤時間の短縮によって増した余暇の時間を体育や芸術活動など身心の修練に当てる。スポーツは自分でするものと、水泳プールやテニスコートを住居のそばに設ける、といった構想を多くの図版によって説いている。

ル・コルビュジエ『建築へ』樋口清訳　中央公論美術出版　二〇〇三年

本書は、それまで建築の主題であった様式と装飾を振り捨てるために、まず「原点の幾何学に帰る」ことを求め、「建築は光のもとの立体の操作である」と規定して、その立面を「規整線」で秩序だてることを主張する。つぎに、計算と経済によって美しい形をつくる技術者の製品に目を向けさせ、商船には構造だけの単純な形とすることを、飛行機には浮力と揚力に分けて問題を解決したように機能に分けることを、自動車には選択に選択を重ね標準化することを学ぶと説く。そして「家は住むための機械」と言う。

しかし建築は機能と構造を越えたところにあるとして、歴史的な建物によって、建築の美しさを成立させるものについて語る。外観の美しい比例構成を求める点で古代ローマのウィトルウィウスやルネサンスのアルベルティと同じ精神にあり、本書は二十世紀を代表する建築書の一つであろう。

ルイス・マンフォード『機械の神話』樋口清訳　河出書房新社　一九七一年

副題に「技術と人類の発達」とあるが、本書は、技術が人間の生命活動を促進した面と阻害した面を歴史的に辿べ、現代の工学技術の反生命的な性格が、石器時代から技術に根源的なものとしてあったことを明らかにする。

マンフォードは、産業革命前の機械として古代エジプトがピラミッドを建設するために十万の人間を連動部品として編成した「単技術」の「巨大機械」をあげる。そして現代の宇宙ロケットは、恵まれた少数者を天国に送る装置として、まさに動くピラミッドであり、高度に機械化された技術の過剰な生産力を処理して経済体制の均衡を保つ手段である。これらの、絶対的な権力体制を維持する「単技術」の「巨大機械」は人間の自由な活動を抑圧する、と言う。

それに対して、水車や風車による木製の機械など、伝統的な「多技術」の「小機械」を使っていた中世の都市や農村には技術と生活のあいだに統一や調和があり、レオナルド・ダ・ヴィンチは「多技術」の典型であった、と言う。

そしてマンフォードの特色として、「機械体系」の中に、籠や器などの道具、煉瓦炉や染料桶などの装置、濠や納屋などの施設を含めて、それら静的なものの優越性を指摘し、また、道具を作るホモ・ファーベルより、表象をつくり、ことばを話すホモ・サピエンスが先であったとし、夢や空想の役割、踊りや遊びの意味について考察している。（『機械の神話』の第二部『権力のペンタゴン』生田勉、木原武一訳は、ルネサンスから現代までを扱い、原子爆弾を論じている。）

スチュアート・レーデ『アスプルンドの建築』樋口清、武藤章訳　鹿島出版会　一九八二年

アスプルンドは、近代建築史ではストックホルム博覧会で北欧に機能主義を導入したが、後は新古典様式に戻ったと批判される。しかしその建築は、在来の小さな窓をあけただけの住宅でも、不思議な魅力を持っている。

アールトは、アスプルンドの建築は自然と人間、心理と感情から出発していると言ったが、この本では「森の葬儀場」は死を旅立ちと見て駅のように造られ、ストックホルム博覧会には広場や袋小路やテラスなど人の触れ合いの場があったと、当時のアメリカのポストモダンの建築観で説明する。モダニストたちに古いと見えた建物も、ポストモダンの目には新鮮に映るのであろう。アスプルンドを見直すこの本は、アスプルンド・ファンの私には嬉しい本であった。

フランク・ロイド・ライト『自伝』〈全二巻〉樋口清訳　中央公論美術出版　一九八八／二〇〇〇年

ライトの「自然を学ぶ」という考え方がどのように生まれ、育ったかを知りたいと思い、この本を読み始めた。

ライトの祖父は自由を求めてアメリカに渡り、中西部の開拓者となったユニテリア教徒。少年ライトは毎夏、叔父の農場に送られ、牛を飼い、土を耕して作物を育て「疲れに疲れを重ねて」働いて、自然とともにあることの意味を悟った。

青年ライトはシカゴに建築の修行に出た。そこに住み、働いて、資本と機械産業が人間を高層建築に積み上げて生活から自然を奪い、個人を組織の部品として、その自由と創造力を失わせることを体験した。

若いライトが開拓した住宅は、都市を離れた平原に、空間の自由と自然との結びつきを求めて、壁を減らし、庭に開き、団欒の中心に暖炉を設け、生活を守る屋根を深く低く架けた「平原住宅」で、「土地固有」のものであった。

一九一〇年、四十歳を過ぎて私生活が破綻し、二十年ほど創作活動の機会を失うが、日本に来て帝国ホテルを建て、自ら住宅・仕事場・建築塾「タリアセン」を中西部とアリゾナの自然の中に建設している。一九二九年の大不況が好況に転じ、創作活動の機会が訪れ始めて『自伝』の記述は終わる。

読み終わって、本書がアメリカの広大な自然と民主制と近代の機械産業から生まれた人間学の書であることを知る。後に農業と結びつけた都市の分散化の提案となる講演の「消えゆく都市」が『自伝』と同じ年に発表されている。

フランク・ロイド・ライト『テスタメント』樋口清訳　中央公論美術出版　二〇一〇年

最晩年の著。ライト自身の建築原理の成り立ちと特性を語り、それら原理の表現として建てた建物と計画案を写真と図面によって示した、二十世紀を代表する建築書。

ル・コルビュジエが、地中海精神による普遍人を自ら任じて、幾何学的抽象の建築美学を構築したとすれば、ライトは、アメリカの風土と民主制による有機的——幾何学の切り捨てた土地、生活、材料、構造に基づく——建築を開拓した。

『ライト、アールトへの旅』樋口清著　建築資料研究社　一九九七年

工学院大学と東京理科大学で近代建築史を任されたとき、それぞれの建築家のことばとプランをプリントして渡し、私の撮ったスライドを映して、建築の考え方やつくり方を説明した。後に雑誌に「建築を楽しく」と題してライトとアールトの建物の写真を載せ、学校のプリントで話したことを書いた。本書はそれをまとめたもので、美しく楽しい絵本となった。

柿生の家（一九六〇―一九九二年）

東から見たところ

東から見たところです。建てたときは、辺りはゆるい南下がりの畑地で、ひばりが囀《さえず》り、櫟《くぬぎ》の頂きには頬白《ほうじろ》がよく来て鳴き、冬はおそらく同じじょうびたきが渡って来て、庭に跳び、田植え時には下の水田から蛙の鳴き声が聞こえました。

西の道から見たところです。右下に四尺幅の馬入れ道、その下に、私の畑と叔母の家があり、屋根が見えます。畑仕事は今も続けています。隣りの畑の先は雑木山で、当時まだ薪や炭を採り、こじゅ鶏やりすがいました。

西の道から見る

下の畑から見る

東面を近く見る

東面を近く見ます。かぎ型に庭を囲って、中が居間、右手前がタタミの部屋で、端に娘の長五帖を建て増してチェンバロを置き、左奥に息子と私の部屋を付けました。廻りにほとんど家がなく、雪が降ればスキーをしました。

下の畑から見ます。手前が息子と私の部屋で、右奥に居間、その奥にタタミの部屋と、東南の日射しを求めて雁行形です。庭と土堤の芝刈りで妻に苦労をかけました。建築評論家は「庭つき住宅を望むのはプチブル根性」と言っていましたが、野菜を作りたくてここに来ました。

居間の東にテラスを設け、軒を一間ほど伸ばしました。冬は朝日が居間に差し込み、夏はよい日陰をつくります。軒下の投光器は夜の雪景色を見るためで、失敗です。

タタミの部屋は二室で、南に縁側、その外に濡《ぬ》れ縁と床が続き、洗濯物の干し場で、手すりに布団《ふとん》を干します。ここから冬は丹沢の夕焼けが望めます。ガラス戸に映る向かいの雑木林には、朴《ほう》やうつぎが梅雨に白い花をつけ、秋は桜の紅葉、ならや櫟の金茶色も杉の緑に見事です。

タタミの部屋は２室

居間の東にテラス

テラスの前に緑陰樹

左が私の部屋

テラスの前の緑陰樹に柳を植えたこともありますが、ここでは花すおうで、丁字《ちょうじ》かずらは屋根まで伸びました。池がなく、睡蓮《すいれん》鉢で睡蓮を育てました。

左が私の部屋で、右がせまい玄関ですが、向こうから入るとこのガラス戸ごしに春早く三ツ又、クロッカス、赤城れんげが咲くのが見えました。白樺も植えました。

春浅く、東向かいの雑木林が薄緑に芽ぶくと桜も淡く花の色を見せます。里山も手入れされなくなりました。廻りが宅地に開発されても、この畑と雑木林が残ったのは好運でした。冬は木の枝を透かして朝日が昇ります。

白もくれん、リラ、かいどう、すべて私が植えました。左の奥に入口、さらに左奥に勝手口があり、子供たちが小さかったころ、そこに藤棚を作ってブランコを吊り、娘がもらってきた黒いシュピッツ種、息子が拾ってきた茶の雑犬の小屋もありました。

藤がよく咲きました。西日除けに植えたのですが、花が台所の窓からも居間の窓からも見えました。

春浅く、向かいの雑木林

白もくれん、リラ、かいどう

雨戸を閉める前の居間

建てて 40 年、現在の家

雨戸を閉める前の居間です。天井は垂木に勾配なりに合板を張り、壁は真カベで合板です。アールトの椅子とコールマン石油ストーヴは見えません。「スカンディナ」が美しく響き、北欧調などと言われて喜んでいました。

建てて四十年、確《しっか》りしていましたが壊して二階屋二軒となりました。障子、ふすま、瓦は元のを使いました。よく歩いた尾根の道はブルドーザで崩されましたが、北側斜面の雑木林は少し残され、早朝歩きの楽しみです。

Où sont les neiges d'antan？（こぞの雪、今いずこ）

立つ春告げるクロッカスにこの庭の花暦始まります。春浅く蕗のとう摘み苦味懐しく、庭一面に水仙明るく、姿よい日向みずき終り、赤城れんげ、品格の白山吹続き、五月、リラの花房風に揺れ、ドイツあやめ色あでやかに、梅雨空に花菖蒲の青美しく、しゃら快く伸び花散らし、夏の盛り紅蜀葵誇り、芙蓉優しく、みょうが香りよし、秋は白花曼珠沙華、ジンジャー華やかに、霜降りるまで小菊咲き乱れ、降誕祭《くりすます》まで「チロルの灯火《らんぷ》」ともります。

あとがき

他の建築書と違う本書の近代建築史観がどう形成されたか、背景について述べたい。

一九三〇年代の末、建築の学生となった私は、シベリウスのヴァイオリン協奏曲を聴いて感動し、同じフィンランド人のアールトの建築を雑誌に見て、合理的で伸び伸びしたプランとさわやかに美しい姿に感嘆した。

戦後、建設会社の建築設計部に職を得、そこで顧問をされていた吉田鉄郎さんに会い、また遠藤新さんの所に図面描きに行く機会に恵まれた。極限の構造を求める吉田さんはペレの建築の比例の美しさやスウェーデンの建築の情趣などを語り、生活に徹する建築を説く遠藤さんは、アール・ヌーヴォーや分離派は面の付け変えに過ぎないと言った。私は、ライトが、国際様式の見落としたもので建築を創ると一九五二年雑誌に書いたのを読んでいた。

こうして、後に学校で近代建築史を任されたとき、渡された教本が、歴史家のヒチコックやギーディオンの説に従ったのか、ル・コルビュジエとバウハウスの建築家を近代化の主導者と見て、ライトや北欧の建築への理解が不十分と思われたので、その教本によらず、それぞれの建築家の言葉によって、その建築観を述べ、プランを分析し、スライドを映して建築の美しさを見た。結果として、建築とは何かを、さまざまな状況で知り、考えることができた。

この近代建築史のために撮った写真が、本書の「建築絵本」となったのである。他にも載せたい建築がいろいろあって、もっと多くの写真によって語りたかったが、余裕がなかった。

設計を仕事としていたときは、建築をどう考え、どう作るかを知ろうとして雑誌や本を読んだが、先生となってからは、学生に読んでもらおうと訳すようになった。

訳すしか能のない老書生であるが、自分で書いたものを幾つか集めることができた。

本書ができたのは、編集者の神子久忠さんの長年にわたる励ましと中央公論美術出版の社長、小菅勉さんのご好意のお蔭であり、そして同社の編集、荒川百合さんに、私のいい加減な記述の誤字や当て字の訂正、引用文の出典の確認など丹念に細心にしていただき、感謝申し上げます。

初出一覧

本書に収録した文書は、以下に加筆・修正を施したものである。（　）内は初出当時の表題。クレジットのない写真は著者撮影。

I　二十世紀の近代建築は何を創ったか

建築絵本――近代建築は何を創ったか　書き下ろし

幾何学的抽象と有機的思考
――ル・コルビュジエとフランク・ロイド・ライト　『思想』岩波書店　二〇一一年五月号

北欧の感性――自然と人間からの発想　『思想』岩波書店　二〇一一年十月号

II　日本の感性

遠藤新の建築と言葉　『INAX Booklet』〈遠藤新生誕一〇〇年記念――人間・建築・思想〉INAX 出版　一九八九年六月

吉田鉄郎の住宅　『住宅建築』建築資料研究所　二〇〇五年二月号（「吉田鉄郎の住宅――失われた住まいの文化」）

レーモンドさんの建築と日本の建築　『現代日本建築家全集』月報　三一書房　一九七一年八月

日本の建築家アントニン・レーモンド　『教養学部報』東京大学　一九七一年六月十八日（「日本の建築家アントニン・レイモンド」）

「レーモンド・スタイル」再見　『日刊建設工業新聞』日刊建設工業新聞社　二〇〇七年九月十四日

Ⅲ　身のまわりの芸術

身のまわりの芸術
本を読むこと――学ばざるを学びて
山・文明・放牧
――東京大学『教養学部報』自己紹介欄への寄稿
子供と自然環境
焚き火と暖炉
山歩きと山小屋
松高（旧制松本高等学校）は何であったか
――旧制松本高等学校の卒業生の同窓会誌『縣』への寄稿
小さな家
方寸の画中に格闘
「ムチャ」と「楽」
生田勉先生と建築――退官教授を送ることば
武藤章さんを悼む
天野太郎さんのこと
――吉原正編『有機的建築の発想』のまえがき
フィンランド讃
ヘルシンキ駅とエリエル・サーリネン
ヨーラン・シルツ『白い机』を読む
――アールトの青少年期と基本的芸術理念

『教養学部報』東京大学　一九六四年一月二十八日
『教養学部報』東京大学　一九六五年十一月十七日

『教養学部報』東京大学　一九六六年七月七日（「山・放牧・人生」）
『日刊建設工業新聞』日刊建設工業新聞社　二〇〇〇年十月十八日
『日刊建設工業新聞』日刊建設工業新聞社　二〇〇〇年十一月十六日
『日刊建設工業新聞』日刊建設工業新聞社　二〇〇〇年十二月二十日

『縣』八集　松本高等学校同窓会　一九九六年七月（「松高は何であったか」）
『日刊建設工業新聞』日刊建設工業新聞社　二〇〇一年二月二十六日
『日刊建設工業新聞』日刊建設工業新聞社　二〇〇一年九月二十一日
『日刊建設工業新聞』日刊建設工業新聞社　二〇〇六年三月十七日
『教養学部報』東京大学　一九七二年二月九日（「生田先生と建築」）
『新建築』新建築社　一九八五年十二月号

吉原正編『有機的建築の発想――天野太郎の建築』建築資料研究所
二〇〇一年（「まえがき」）
『東京理科大学報』東京理科大学　一九八三年一月五日
『a+u』エー・アンド・ユー　一九八三年六月号
『a+u』エー・アンド・ユー　一九八四年一月号（「『白い机』――アール
トの青少年期と基本的芸術理念　ヨーラン・シルトの近著――」）

一息入れませんか
——椅子の絵本と読本　島崎信『美しい椅子』、『椅子の物語』　書き下ろし

私の訳した本
——工学院大学建築学科の校友会誌のために　『NICHE』工学院大学建築学部同窓会　二〇一〇年号・Vol.33（「私の訳した本」）

柿生の家（一九六〇—一九九二年）　書き下ろし

【著者略歴】

樋口　清（ひぐち・きよし）

1918（大正7）年、東京に生れたが小学卒まで越後の農村で祖父母に育てられ、中学高校に行くため父のいる山国の信州に戻り、故郷に自然を持つことができた。

理科が得意で旧制松本高校に入れたが、授業だけでなく都落ちして来た人たちからも西洋の音楽や思考への刺激を受けた。

1938（昭和13）年、東京工業大学建築学科に入学。谷口吉郎先生の設計製図の講評が建築の面白さを教え、先生設計の慶応幼稚舎の見学が目を開かせた。建築熱心な友人とペレの教会堂を写した礼拝堂やル・コルビュジエの蝶型屋根をまねた別荘を見に行き、絵の好きな友人と画家のアトリエで絵を習った。

卒業して、1941（昭和16）年、東京大学フランス文学科に入学。象徴詩や中世語の詩、古典劇の講読を楽しみ、フランス音楽の響きに聴き入る。

1943（昭和18）年9月、卒業後、海軍省嘱託として仏領印度支那（今のベトナム）に進駐した軍の仏語通訳となり、熱帯の原始林の深さ、大陸の河の圧倒的な水量に感動。終戦で退官。引揚船の中でテング熱が発病し、家に帰って意識不明、ペニシリンのお蔭で助かったらしい。

戦後二年の1947（昭和22）年、鹿島建設に入社。建築設計部で顧問の吉田鉄郎さん、図面書きの手伝いに行って遠藤新さんに建築の考え方、作り方を教えられた。

1956（昭和31）年、鹿島建設を退職。工学院大学建築学科の助教授に就任。

1961（昭和36）年、工学院大学を退き、東京大学教養学部の助教授、のち教授になり、生田勉先生のル・コルビュジエやマンフォードの訳を手伝い、国民休暇村協会の嘱託として山小屋などを設計した。

1979（昭和54）年、東京大学を退官、東京理科大学工学部二部教養の仏語講師に採用され、以後20年、近代建築史を任され、ヴァクナーやライトを訳した。

1982（昭和57）年、スウェーデン社会研究所の河野道夫さんが北欧建築・デザイン協会を設立するのを手伝い、坂田種男さん、川上信二・玲子さん、島崎信さん、武藤章さんの協力を得た。

友人と先輩と先生、そして家族に恵まれた生涯であった。

【主著・訳書】
『フランク・ロイド・ライト』（共著）彰国社　1954年
ル・コルビュジエ『伽藍が白かったとき』（共訳）岩波書店　1957年
ル・コルビュジエ『ユルバニスム』鹿島出版会　1967年
ルイス・マンフォード『機械の神話』河出書房新社　1971年
スチュアート・レーデ『アスプルンドの建築』（共訳）鹿島出版会　1982年
オットー・ヴァーグナー『近代建築』（共訳）中央公論美術出版　1985年
フランク・ロイド・ライト『自伝』〔全2巻〕中央公論美術出版　1988／2000年
『ライト、アールトへの旅』建築資料研究社　1997年
ル・コルビュジエ『建築へ』中央公論美術出版　2003年
フランク・ロイド・ライト『テスタメント』中央公論美術出版　2010年

近代建築は何を創ったか
―生活の場の芸術としての建築―

平成二十六年五月三十日印刷
平成二十六年六月十日発行
著者　樋口清
発行者　小菅勉
印刷　藤原印刷株式会社
製本　株式会社松岳社
用紙　北越紀州販売株式会社
中央公論美術出版
東京都中央区京橋二丁目八―七
電話〇三―三五六一―五九九三
ISBN978-4-8055-0721-6